Negócio de Sucesso & Espiritual

Título original: *SOULFUL AND SUCCESSFUL BUSINESS*

Publicado pela primeira vez em 2021 pela Dragonfly Publications.

Copyright © por Nicole Bayliss, 2021.

Traduzido por Betânia Moscardini

Revisão tradução por Dalva Moscardini e Lizete Bernardo

Copyright tradução © por Nicole Bayliss 2021.

Todos os direitos reservados. Os Direitos Morais do autor foram declarados sob o Copyright Amendment (Moral Rights) Act 2000 – Austrália.

É proibida a reprodução total ou parcial deste livro e nenhuma parte deste poderá ser armazenada em um sistema de recuperação de dados, comunicada ou transmitida, por quaisquer meios, sem autorização prévia por escrito. Com exceção do que é permitido pelos Direitos Autorais Australianos Copyright Act 1968 (por exemplo, quando relacionado a propósitos de estudos, pesquisa, crítica ou revisão).

ISBN original: 978-0-9875138-6-1

Impresso por Ingram Spark.
Capa por Ben Crompton Design

Para informações sobre como fazer pedidos de outras cópias do livro ou para entrar em contato com a autora, por favor visite o site www.nicolebayliss.com.au

Negócio de Sucesso & Espiritual

Guia Espiritual para Ter Sucesso no Seu Próprio Negócio

Nicole Bayliss

Elogios para 'Negócio de Sucesso & Espiritual'

"Nicole Bayliss levará você para as profundezas do seu ser nessa joia de livro! Síndrome do Impostor, comparações, medos, inseguranças, problemas com dinheiro! Há soluções para todos os dias e para todo mundo. Eu adoro essa preciosidade!"

Cat Dillon, Proprietária /Nutricionista Holística Registrada, RHN

"Eu amo a mensagem deste livro! Ele redefine o significado de sucesso sem excluir a abundância que podemos ter, fazendo o que amamos."

Valeria Teles , Coach Curadora, Autora e Apresentadora do Podcast 'A Quest for Well-Being'.

"Uma ótima leitura e o antídoto perfeito se você está sofrendo com os altos e baixos de trabalhar por conta própria."

Sophie Ramsay, Fundadora e Proprietária da 'Flow Accounting', CPA

Apresentação

Hello! Olá! Estou muito feliz pois este livro encontrou você! Então, você está pensando em abrir o seu próprio negócio ou talvez já tenha um. Ou mesmo o tenha aberto há poucas semanas, meses ou anos. Você sabia que em média, de cada três pequenos negócios que são abertos, um deles fecha no primeiro ano? Eu não quero isso para você. O Universo não quer isso para você!

Este livro está aqui para ajudá-lo(a) a criar um negócio de sucesso e apreciar cada minuto dele. Meu objetivo é ensinar alguns conceitos espirituais interessantes que irão transformar você e a maneira como vê o seu negócio e a sua vida. Vou compartilhar com você algumas Leis Universais essenciais que devem ser respeitadas se você deseja seguir o caminho para o sucesso verdadeiro.

Quando você começa a jornada de trabalhar por conta própria, essa experiência pode ser emocionante e aterrorizante ao mesmo tempo. Eu sei, porque já passei por isso. Tive que me desapegar de várias ideias e crenças antigas, se fosse para eu ser honesta comigo mesma e seguir o meu desejo mais profundo que era o de trabalhar para mim mesma e nos meus próprios termos. Quero compartilhar com você tudo o que aprendi enquanto seguia dois caminhos paralelos – o caminho espiritual e o caminho para criar um negócio de sucesso.

Em nosso mundo moderno, a espiritualidade e os negócios têm sido considerados duas coisas completamente separadas; por alguns podem até ser vistas como coisas completamente opostas. E isso não é verdade! Estamos aqui para viver as nossas melhores vidas, e uma parte disso, será trabalho, propósito e dinheiro. Quando assumimos o nosso lado espiritual e o trazemos para a prática, milagres acontecem. Todos nós somos seres espirituais passando por uma experiência humana, e estamos aqui para trazer a nossa própria espiritualidade para cada aspecto de nossas vidas.

O mundo está mudando. Muitas pessoas estão desiludidas com o trabalho em grandes organizações e o velho paradigma da "doutrina do trabalho" (work ethic) da Era da Produtividade está deixando todo mundo cansado, estressado e insatisfeito. Muitos de nós esperam por um "algo mais" – mais sentido, mais satisfação diária e mais amor pelo nosso trabalho.

Eu prevejo que o mundo irá mudar através de indivíduos se emancipando do "sistema de escravidão global" moderno onde nós nos sentimos presos pelo trabalho e circunstâncias financeiras. Isso já está acontecendo em todos os lugares; pequenas empresas e redes orgânicas se multiplicando, e você pode fazer parte dessa mudança maravilhosa nessa Era da Criatividade.

Neste livro, vou compartilhar com você verdades metafísicas e Leis Universais, assim como histórias e anedotas que ajudarão a ilustrar uma ideia ou um conceito – algumas são da minha própria história de vida e outras são histórias de alguns clientes meus em suas jornadas rumo ao sucesso.

Vou também oferecer a você um Plano de Negócios - Espiritual, com exercícios a serem feitos no seu Diário de Anotações Pessoais, afirmações e orações ao final de cada capítulo. E para acompanhar este livro, você pode baixar gratuitamente do meu website www.nicolebayliss.com.au – um material para ser impresso, com perguntas e atividades para auxiliar na criação do seu Plano de Negócios - Espiritual.

Esteja preparado(a), pois este livro fará uma mudança em você em nível fundamental – as suas crenças, o seu entendimento de como o Universo trabalha e a sua relação com o mundo "lá fora". Ele vai auxiliá-lo(a) a liberar pensamentos e condicionamentos do velho paradigma que têm lhe impedido de saber o poder que você tem e o quão bem-sucedido(a), realizado(a) e abundante você pode ser.

Se você está pronto(a) para expandir a sua mente e o seu negócio, venha comigo nesta jornada. Eu estarei ao seu lado, por todo caminho, até o fim.

Amor e Luz,

Sumário

Sucesso de Verdade	13
O Poder do Comprometimento	29
A Magia de Chegar Lá	51
Transforme o seu relacionamento consigo mesmo(a)	71
Transforme o seu relacionamento com o Dinheiro	99
Transforme o Seu Relacionamento com a Vida	125
Marketing de Sucesso e Espiritual	149
Seu Dia de Trabalho Ideal	181
Conclusão	205
Apêndice 1 - Afirmações para As 21 Leis Universais	207
Apêndice 2 - Afirmações para Corrigir Velhas Crenças Autolimitantes	211
Apêndice 3 - Uma Prática de Meditação Simples	219
Sobre a Autora	221
Sobre a Tradutora	223

Capítulo 1
Sucesso de Verdade

As raízes do sucesso de verdade estão em fazer o que você ama e ser feliz e abundante por causa disso.

O que o sucesso significa para você? E, pensando melhor, o que é exatamente? No dicionário Oxford, a definição de sucesso é "realizar algo que você quer, tem tentado fazer ou conseguir." Então a palavra "sucesso" simplesmente significa realizar algo que você deseja. Entretanto, no nosso mundo moderno, muitas ideias que são baseadas em valores egóicos foram aplicadas sobre a palavra "sucesso". A mente do ego é a parte de você que acredita que você não é suficiente, e para ser suficiente, nós devemos continuar adicionando a nós mesmos.

O ego fará você acreditar que sucesso deverá incluir, até certo nível:

- Fortuna
- Fama

- Poder
- Status

De acordo com a minha própria experiência, eu aprendi que esses desejos, se/ou quando atingidos, podem provar ser vitórias vazias se não incluirmos valores como:

- Sentido e propósito
- Prazer no dia a dia
- Equilíbrio no trabalho e na vida pessoal
- Fazer uma contribuição ou uma diferença positiva

Então, o que o sucesso significa para você? Como ele seria? Há alguns anos, desde que abri o meu próprio negócio, eu mantive um diário de anotações pessoais, e nele escrevi sobre o sucesso que queria conquistar:

- Ajudar as pessoas usando as minhas habilidades e talentos
- Usufruir das minhas experiências diárias
- Ter uma boa fonte de renda (para que pudesse fazer as coisas que amo fazer e possuir as coisas que gostaria de ter)
- Desfrutar do equilíbrio entre trabalho e vida pessoal
- Viver com muito amor em todos os meus relacionamentos
- Ser saudável, estar bem e em forma.

Levou um bom tempo para eu resolver essas coisas. Alguns anos antes disso, eu havia criado um quadro de visualizações que era a mais clara evidência de um ego querendo provar para o mundo sobre si mesmo. E fiquei bem desapontada quando os meus objetivos de fazer 1$ milhão no meu primeiro ano de negócio, de estar voando de primeira classe pelo mundo todo e de ter escrito um bestseller, não aconteceram! Infelizmente, aprendi que nem sempre o Universo nos dá o que queremos, mas Ele nos dá o que nós precisamos.

Então o que aconteceu comigo durante os dois anos entre o "quadro de visualizações do meu ego" e a "redação de um diário sobre sucesso verdadeiro"? Bem, enquanto nada em particular aconteceu à minha volta (incluindo não muita atividade no meu negócio e não muito dinheiro!), muita coisa estava acontecendo dentro de mim. Decepção e fracasso podem ser uma oportunidade maravilhosa para reavaliar, refletir e crescer. Isso foi o que aquilo tudo fez por mim. Ao experimentar o "fracasso" dos desejos do meu ego, eu me rendi, e desse lugar de humildade, eu passei por um entendimento melhor e mais profundo de mim mesma e do Universo. Isso foi o despertar da minha alma. Comecei a meditar mais regularmente e a orar. Tive algumas conversas maravilhosas com o Universo e eventualmente, eu e Ele chegamos a um entendimento. Entendi o que vim fazer aqui, me tornei consciente de que o Universo iria me dar total apoio a partir do momento que eu deixasse meu ego de lado e continuasse seguindo em frente.

Sucesso de verdade está em fazer o que você ama fazer, fazendo uma diferença positiva de alguma forma e tornando-se realizado(a) e abundante por causa disso.

Eu chamo de "sucesso de verdade" – fazer algo que você sabe que está aqui para fazer e ser remunerado(a) de maneira perfeita para que você possa continuar fazendo aquilo. Com isso, se você quer encontrar realização na sua vida profissional, é sábio pensar holisticamente. Se a ideia de sucesso de verdade for atraente para você, assegure-se de que a sua visão de sucesso inclua:

- Propósito
- Bem-estar
- Relaxamento (descanso e descontração)
- Relacionamentos
- Metas financeiras
- Felicidade diária

História de sucesso do ego da Caroline

Caroline participou de um dos meus workshops "Crie A Vida que Você Quer!", baseado na **Lei Universal da Atração** que diz que quanto mais você visualiza e sente que você tem o que deseja, mais você atrai aquilo para você. Nós começamos com cada pessoa do grupo se apresentando e dizendo o porquê de ter decidido participar daquele workshop. Quando chegou a vez de Caroline, ela não conseguiu falar e desabou a chorar.

"Eu já conquistei tudo que pensava que queria nessa vida. Tenho um negócio de sucesso, um marido que me ama e três crianças lindas, e mesmo assim, ainda não sou feliz. Eu fico estressada todos os dias, sinto que alguma coisa está faltando e não consigo identificar o que seja isso."

O dia foi passando e o que ficou evidente era que Caroline tinha manifestado tudo que achava que sempre quis, mas não o que a alma dela queria para ela. Pessoalmente, me identifiquei com ela. Até os meus 45 anos, eu também já tinha manifestado tudo que achava que queria – uma vida que parecia bem-sucedida e abundante no mundo à minha volta – mas dentro de mim, eu sentia um vazio tão grande, que não conseguiria expressar em palavras.

Nós todos temos a habilidade de manifestar – mas manifestar o quê? Foi só depois de ter passado por uma crise da meia-idade caótica que eu me rendi ao Universo. Pedi para Ele me mostrar o caminho, e Ele assim o fez, mostrando para mim o Caminho Verdadeiro a seguir e como chegar até o Sucesso de Verdade.

A Lei Universal da Entrega

Quando o nosso ego está no comando dos nossos desejos, ele pode manifestar uma vida que é "bem-sucedida" – ou seja, onde conquistamos o que nós pensamos que queremos, somente para descobrir mais tarde, que aquilo não nos fará sentir realizados. Quando manifestamos através do nosso Eu Verdadeiro, nós criamos tudo que realmente nos fará felizes e abundantes em todos os níveis. Manifestar Sucesso de Verdade envolve entregar a si mesmo e o seu propósito de vida para o Universo. O Universo é a Inteligência Divina que sabe qual é o seu Caminho Verdadeiro. Através da nossa entrega, nós estamos pedindo à Fonte Universal para tomar o controle e fazer por nós o que não podemos fazer sozinhos!

História do Mike de uma vida sem equilíbrio

Mike tinha muito sucesso nos negócios, mas sua vida pessoal era um caos. Seu primeiro casamento acabou depois de dez anos, porque ele investiu todo seu tempo e energia em seu negócio, e muito pouco sobrou para sua esposa e família. Ao sentir a dor da perda, Mike começou a beber cada vez mais e a passar por uma turbulência emocional.

A Lei Universal do Equilíbrio

Falando sobre isso, equilíbrio é a chave para o sucesso verdadeiro. A **Lei Universal do Equilíbrio** diz que tudo prospera quando há equilíbrio. Nós, como seres humanos, prosperamos quando nossas vidas estão em equilíbrio. Pessoas realmente bem-sucedidas almejam equilíbrio em todas as áreas de suas vidas. Quando nós manifestamos sem equilíbrio, pelo menos uma área das nossas vidas vai sofrer. É por isso que eu escrevi este primeiro capítulo - para que possamos começar da mesma maneira que pretendemos seguir adiante. Sem as fundações certas, qualquer coisa que for construída, não será forte o suficiente para durar.

Ame o Seu Negócio

Se quisermos obter as bases certas e usufruir do sucesso de verdade, é fundamental nos sentirmos inspirados pelo nosso trabalho. Precisamos nos sentirmos entusiasmados pelo produto que estamos vendendo ou com o serviço que estamos oferecendo e acreditar que ele pode fazer uma diferença positiva no mundo. Independentemente se você for dono de uma empresa on-line, construtor, dono de salão para cachorros, esteticista, marqueteiro, contador ou padeiro, é essencial acreditar que o que você faz tem valor.

Se você não amar e valorizar o que faz ou o que vende, seu negócio não durará por muito tempo. Por quê? Porque você é o seu negócio! Quando você sente amor pelo que faz, você está constantemente injetando energia positiva nele. Amor é o que cria abundância! E quando digo abundância, me refiro a tudo – dinheiro, clientes, oportunidades, felicidade – tudo! A falta de amor pelo que você faz desenergizará o seu negócio.

O seu negócio é uma fonte de inspiração para você? Você é apaixonado(a) pelo serviço que você presta ou pelos produtos que você oferece? Sentimentos como amor, paixão, inspiração e alegria são os combustíveis para um negócio de sucesso. Esses sentimentos criam uma vibração que faz você atrair os clientes, os negócios, o dinheiro, as oportunidades e tudo que você precisa para continuar e prosperar. Os sentimentos que acompanham o senso de propósito são poderosos.

A Lei Universal do Dharma

A Lei Universal do Dharma diz que cada um de nós está aqui por uma razão. Nós todos temos pontos fortes, talentos e habilidades e quando fazemos o que amamos usando os nossos pontos fortes, talentos e habilidades, nós criamos abundância e realização pessoal. E não só isso. Muitas vezes, nós descobrimos que temos talentos escondidos, uns que não tínhamos a menor ideia de que existiam quando escolhemos seguir os nossos corações.

A maioria de nós não foi criada com essa mensagem. Nós crescemos com a ideia de que para viver nesse mundo, temos que "trabalhar", e a definição de "trabalho" é fazer algo que você tem que fazer para se sustentar, e não algo que queira fazer para viver a sua melhor vida.

Aqueles que ousam sonhar além de trabalhar para sobreviver são geralmente tachados de "sonhadores" por aqueles que ainda estão presos nessa velha maneira de pensar.

A mensagem que me foi passada pelos meus pais

Quando criança, eu era uma artista talentosa e toda professora que eu tinha me encorajava a fazer algo com aquele talento no futuro. Entretanto, enquanto reconhecia que meus pais me amavam e sempre queriam o que eles pensavam ser o melhor para mim, eu cresci ouvindo que "tinha que trabalhar duro para sobreviver", fazendo o que precisasse fazer, e não o que eu quisesse fazer. Isso não era culpa dos meus pais. Eles cresceram durante os anos da Segunda Guerra Mundial e viveram na época da Grande Depressão.

Quando eu quis fazer Faculdade de Artes, depois de terminar o Ensino Médio (High School), meus pais me disseram para parar de sonhar e "ir procurar um trabalho de verdade". Essa crença de que para sobreviver, eu tinha que fazer algo que não fosse exatamente o que queria fazer, ficou gravada dentro de mim. Muitos anos depois, depois de trabalhar em "trabalhos de verdade", matriculei-me na Escola de Artes. Foi quando comecei a me encontrar e a descobrir o meu propósito.

Missão e Não Ambição

Quando pensamos sobre o que fazemos em termos de propósito, ao invés de só um negócio, nós fazemos o nosso trabalho com amor, nós entramos no Fluxo Universal. A maioria de nós foi condicionada a focar somente em fazer dinheiro, e por aí afora no mundo de hoje, ainda existem inúmeras mensagens só visando o ganhar dinheiro. Logo, se você fizer do dinheiro o seu principal objetivo, você manifestará esse desejo, mas isso poderá lhe custar a sua verdadeira realização pessoal.

Faça do seu propósito - a missão da sua empresa – o seu principal objetivo. Quando você dá a sua empresa a sua paixão, o dinheiro vem eventualmente, porque a paixão cria. A paixão é a força Universal que vem através de você como inspiração divina. Por favor não pense que estou dizendo que dinheiro não é importante; pois ele é – eu dediquei um capítulo inteiro sobre o tópico dinheiro neste livro – mas se você estiver se concentrando somente no dinheiro, você está focando em "receber". Quando você está se concentrando em "fazer" porque você realmente quer fazer aquilo, você está focando em "dar", e tudo que você dá retorna para você.

A Lei Universal de Dar e Receber

O Universo trabalha na base da troca. Estamos aqui tanto para dar, como para receber. Qualquer que seja o que dermos, voltará para nós, às vezes multiplicado. Se você gastar ou investir seu dinheiro em algo que seja para o seu bem maior e para o bem maior de todos, você pode ter certeza de que o dinheiro voltará para você multiplicado eventualmente. Se queremos receber certas coisas, nós devemos aprender a dá-las primeiro. Essa é **A Lei Universal de Dar e Receber.**

Se estamos pensando em termos do nosso propósito e da nossa missão, estamos pensando em termos de dar. A partir daí, criaremos uma vibração energética que é totalmente diferente da vibração criada pelo velho paradigma da 'doutrina do trabalho' (work ethic) que diz que "É preciso trabalhar duro todos os dias para se ter sucesso na vida." Quando você identifica qual é a missão do seu negócio, você cria uma âncora fundamental poderosa pela qual tudo o que você precisa será atraído. A sua declaração de missão se torna a Estrela Norte da sua empresa.

Descobrindo a minha missão

Bem no começo, quando abri o meu próprio negócio, comecei como coach transpessoal e terapeuta Reiki. Eu tinha clientes de diferentes origens e classes sociais, todos passando por diferentes desafios e querendo conquistar coisas diferentes. Então qual era a minha missão? Percebi que independentemente da história ou desejo do(a) cliente, eu estava ali para ajudar na transformação dele(a). E a minha própria transformação era o que estava os ajudando mais – o meu despertar e a transformação da minha própria mente, me tornaram genuinamente capaz de ajudar os outros a fazerem o mesmo. No meu diário, escrevi a minha declaração de missão:

"Ajudar aos outros na sua jornada de transformação à medida que continuo a transformar a mim mesma."

Uma declaração de missão não precisa ser longa ou complicada – somente clara e objetiva.

O Universo Quer Que Você Seja Bem-sucedido(a)

O Universo quer para você o que você quer. O Universo quer que você tenha sucesso. Ele não é seu inimigo! O seu único inimigo é o seu ego, que acredita na escassez e na limitação ou lhe ilude com ideias de grandiosidade.

Nós todos fomos condicionados a acreditar na escassez, na dificuldade e na luta. O nosso DNA ainda carrega crenças e traumas dos nossos ancestrais, muitos deles só perduraram e viveram no modo de sobrevivência. Nosso ego nos alimenta de pensamentos de medo, sofrimento, incerteza e escassez. Portanto, não é sua culpa se você não encontrou sucesso ainda. Há uma velha programação dentro de você que precisa ser deletada e reescrita, e eu lhe auxiliarei exatamente com esse processo no decorrer deste livro.

Gostando disso ou não, seu ego está fazendo essa jornada com você; você não pode eliminá-lo porque ele é parte de você. Tornando-se consciente do seu ego e reconhecendo os pensamentos de medo dele, é como você o transcende. O Universo não quer que a sua vida seja dura! Ele quer que você viva o seu propósito e aproveite cada aspecto da sua vida – no amor, no propósito, na prosperidade e no bem-estar.

Por agora, respire, relaxe e entregue-se. Seu sucesso já existe, e ele está em fazer as coisas que você tem mais paixão por fazer. Você veio aqui para viver o seu propósito, para fazer o que você ama, para sentir-se realizado(a), para fazer uma diferença positiva e para criar abundância.

Quando estava atrás de dinheiro, nunca tinha o suficiente.

Quando eu tinha um propósito na vida e

me concentrava em dar de mim mesmo e

de tudo que entrava na minha vida,

Assim eu era próspero.

Wayne W. Dyer

Elaborando Seu Plano de Negócios Espiritual

Exercício 1 – Sucesso de Verdade

Reserve um tempo para contemplar e fazer anotações respondendo às perguntas a seguir. Escreva o tanto que desejar.

O que você gostaria de alcançar nessas áreas da sua vida?

- Propósito
- Bem-estar
- Relaxamento (descanso e descontração)
- Relacionamentos
- Metas financeiras
- Felicidade diária

O que sucesso de verdade significa para você?

Como seria um dia de trabalho ideal para você?

Agora, por cinco minutos, visualize a si mesmo(a) aproveitando esse sucesso de verdade até que você esteja sentindo como se aquilo já estivesse acontecendo.

Exercício 2 – Sua Missão

Qual é a minha missão?

Feche os olhos e tire alguns minutos para se perguntar essas questões abaixo e anotar as respostas.

- O que eu estou dando?
- De qual maneira estou fazendo a diferença?
- Como me sinto com isso?
- Qual é a minha missão?

Escreva a declaração de missão do seu negócio.

Exercício 3 – Uma Oração de Entrega

Fique parado(a) e permita-se sentir quieto(a) e calmo(a). Faça a seguinte oração para o Universo:

Eu entrego a Você quem eu sou.
Eu entrego a Você o meu desejo de trabalhar
nos meus próprios termos
e de encontrar Sucesso de Verdade e realização.
Eu entrego a Você os meus talentos, aptidões e habilidades.
Por favor mostre-me o caminho.

Capítulo 2
O Poder do Comprometimento

O comprometimento cria uma parceria entre você e o Universo

O que comprometimento significa para você? No dicionário Oxford nos é dito que comprometimento é "o estado ou qualidade de estar dedicado a uma causa, atividade, etc." Para mim, comprometimento significa tomar uma decisão e ser fiel a ela, não desistindo quando os desafios aparecerem. Ao nos comprometer, colocamos toda a nossa energia na escolha que fizemos, criando um poderoso vórtex de energia. Quando nos comprometemos, o Divino se move conosco e nos dá apoio. Quando somos descomprometidos, a nossa energia se dispersa e fica difícil de gerar tração e seguir em frente. O comprometimento é um fundamento necessário para que o seu negócio cresça.

A Minha História de Comprometimento

Por alguns anos, após ter recebido a minha qualificação para trabalhar como terapeuta (coach), eu hesitei. *"Posso abrir o meu próprio consultório um pouco mais pra frente"*, eu dizia aos meus amigos, não acreditando nas minhas próprias palavras. Era muito mais fácil trabalhar para alguém, ao invés de começar algo do zero, encarando a minha esmagadora insegurança e o medo que se escondiam lá dentro de mim. A minha hesitação continuou até que não consegui aguentar mais.

Depois do meu divórcio, consegui um trabalho como assistente executiva em uma organização no centro da cidade, mas não me sentia realizada. À medida que ia sofrendo de descontentamento, as minhas circunstâncias iam piorando. A chefe responsável pela administração começou a me micro gerenciar, e se recusou a me dar as horas de trabalho flexíveis que a empresa tinha me prometido durante a minha entrevista de emprego. Na minha vida particular, eu tinha me livrado das pessoas que queriam me controlar e me impor limites, porém, aqui estava eu trabalhando em um escritório com uma mulher que estava fazendo exatamente isso comigo! Quando ela me disse que eu não poderia mais ter acesso ao previamente prometido, que no caso era ter um horário flexível de trabalho durante às férias de verão para passar com os meus filhos, cheguei ao meu limite. Escrevi, naquele mesmo dia, a minha carta de demissão.

"Nunca mais vou trabalhar para ninguém", eu decidi. "Quero estar no controle da minha vida." E com isso, a decisão de trabalhar por conta própria ficou clara. Encontrei o meu *"Por quê"*.

Algumas semanas depois, participei de um seminário de

um dia que ensinava como abrir um espaço para trabalhar como coach. Não foi exatamente o que eu esperava, mas certamente foi o que eu precisava.

"Você vai ser daquele tipo de pessoa que sempre diz que 'Iria Queria Deveria'? Ou você vai realmente correr atrás?" disse o palestrante bem alto. Fiquei chocada ao ouvir que somente uma pequena porcentagem de pessoas, realmente começam a trabalhar depois de se formarem como coach transpessoal, e a razão disso é que essas pessoas não acreditam que podem ter sucesso. Será que eu seria uma delas? Ou iria mesmo comprometer-me, independentemente dos meus medos e inseguranças e tornar-me a coach transpessoal que eu queria ser?

"You gotta fake it till you make it", declarou o palestrante. Querendo dizer que você tem que fazer de conta que sabe até ter praticado o suficiente para realmente dominar a prática do que estudou. Antes de terminar o dia, eu já tinha resolvido abrir o meu próprio negócio. Tinha amado estudar e praticar terapia transpessoal, mas ainda tinha muitas dúvidas se poderia fazer daquilo uma profissão e me sustentar somente com aquela fonte de renda.

Tomei uma atitude de qualquer maneira. Comecei a fazer um plano financeiro. Descobri que poderia viver parcialmente com parte do dinheiro que já tinha guardado, mas também precisava fazer mais dinheiro. Identifiquei onde estava gastando com supérfluos. Parei de fazer as unhas, de jantar fora e de fazer coisas que não eram essenciais por um tempo. Estipulei um teto limite para gastar, economizando o máximo possível, e fui fiel a ele. Supermercados de descontos eram os lugares que eu mais frequentava toda semana.

Depois disso, fui seguindo os passos básicos para abrir uma empresa, tais como: adquirir um número de cadastro nacional de empresas CNPJ no Brasil (ABN na Austrália), abrir uma conta para a minha empresa em um banco e criar um website. Aluguei, por um dia por semana, um espaço em um Centro para Cura, localizado em um bairro de Sydney, onde eu não era conhecida. Logo, se era para *"fake it till I make it"*, seria melhor fazê-lo em uma área aonde eu fosse mais uma no meio da multidão, e não em uma área cheia de pessoas conhecidas! Meses se passarão sem aparecer um cliente sequer, mas eu preenchia o meu tempo criando materiais promocionais como panfletos que distribuía nas cafeterias e lojas da área. Eu também passava o meu tempo relendo os meus livros de teoria, praticando Reiki em mim mesma e ainda estudava para o curso de Reiki que estava fazendo na época.

Toda quarta-feira eu ia para o meu consultório, parecendo com a terapeuta que eu esperava ser, olhando para a cadeira dos clientes vazia. É claro que me sentia desapontada, e pensamentos de fracasso tornaram-se minhas companhias constantes. Tudo parecia inútil, até que um dia o telefone tocou. Aquela ligação telefônica foi o começo da minha jornada de sucesso.

O comprometimento de começar o meu negócio e tomar a

iniciativa de fazer o que tivesse que ser feito, mesmo estando cheia de incertezas, eventualmente acabou dando frutos de verdade. O que aprendi ao viver tudo aquilo:

1. Comprometa-se com o que você quer
2. Certifique-se de estar seguro(a) financeiramente
3. Tome as atitudes necessárias para dar apoio à sua visão
4. Não espere tornar-se bem-sucedido(a) da noite para o dia
5. A paciência tudo alcança.

Vamos explorar esses cinco pontos.

1. Comprometa-se com o que você quer

Abrir o seu próprio negócio e conquistar o sucesso que você deseja é um processo; é uma jornada de crescimento por si só. O Universo vai proporcionar tudo que você precisa ao longo do seu caminho, contanto que você:

Tenha um desejo profundo de fazer isso dar certo – É uma boa ideia perguntar-se o quanto você quer que esse negócio dê certo. Você tem um "por quê" forte o suficiente? Como eu já disse, desejo profundo ou paixão é a vibração certa pelo qual tudo se manifesta. Sentimentos de inspiração, empolgação, alegria e entusiasmo são todos emanados do desejo profundo.

Tenha fé e acredite que o que você quer, pode verdadeiramente dar certo – Isso não quer dizer, que você tenha que acreditar

100 por cento que tudo vai dar certo facilmente ou que você não tenha pontos-fracos, incertezas e medos. Tudo isso é perfeitamente normal. Mas significa que você está realmente disposto(a) a ter fé de que você obterá sucesso eventualmente, mesmo que você não sabia como ainda.

Mantenha uma visão clara e definida do que você almeja na sua consciência - Comece com o fim (resultado) na sua mente. Ter uma imagem visual detalhada ou um filme na sua mente que represente a sua visão de sucesso é uma maneira poderosa de se manifestar. Fazendo isto, você está dando ao Universo a sua visão. Se você visualizar regularmente o seu resultado ideal, até você sentir a sensação de estar vivendo aquilo de verdade, você criará a vibração que atrairá a sua visão para você, e você, para ela. O Universo vai dar um jeito de orquestrar tudo que precisa acontecer para que a sua visão seja criada. **Esta é a Lei Universal da Atração**.

Aja com alinhamento – Comprometimento requer ação. Ação diz para o Universo - "Estou levando isso a sério" e com isso, o Universo leva você a sério. **Esta é a Lei Universal da Ação**. É importante saber o que você quer e sonhar com o que você quer, mas agir é também uma parte necessária da equação. Agir com inspiração é a melhor forma de ação. Ação sem inspiração não terá a mesma energia. Você não precisa se assustar tentando fazer muita coisa de uma vez. Basta dar um passo de cada vez na direção do que você quer. Quando aquele passo der certo, dê outro passo, e mais outro, sempre em direção do que você quer, e não para o sentido contrário.

Livre-se de toda dúvida e descrença assim que forem surgindo – Dúvida e descrença VÃO surgir, porque os seres humanos não acreditam ser possível o que eles não vivenciaram ainda. Estamos todos no processo da nossa libertação das nossas velhas crenças limitantes e programação, e por causa do padrão a que estamos acostumados, nós poderemos facilmente voltar a sentir dúvida e descrença quando começarmos a trilhar esse novo caminho.

Seja gentil e amável consigo mesmo(a) – É inevitável que à medida que você for fazendo esta jornada, por infinitas vezes, você terá que encarar a si mesmo(a), as suas crenças limitantes, seus velhos padrões de comportamento e os seus medos. Esteja disposto(a) a ter compaixão consigo mesmo(a) à medida que for crescendo e aprendendo. Amor é a única vibração que cura.

Tenha paciência e determinação – Para o nosso detrimento, o nosso ego gosta de forçar a sua ideia de tempo em tudo. Tenha consciência de que o tempo de todas as coisas depende só do Universo, e não de você. Quando você permite o tempo Universal decorrer naturalmente, tudo é perfeito e certo. Seja paciente e fique tranquilo(a), ainda assim, mantenha-se determinado(a) de que tudo vai dar certo. Da mesma maneira que uma rosa desabrocha, assim será com o seu negócio em tempo divino e perfeito. Essa é a **Lei Universal do Tempo.**

2. Certifique-se de ter segurança financeira

Abrir um negócio pode gerar muito medo financeiro. A

maioria de nós ficou acostumada a maneiras particulares de renda. Quando éramos crianças, éramos sustentados pelos nossos pais e cuidadores. Quando crescemos, a maioria de nós arrumou um emprego, com isso ficamos habituados a receber um salário regularmente da empresa em que trabalhávamos. Ser pago pelo nosso empregador é previsível, consequentemente nos faz sentirmos seguros. O ego ama previsibilidade!

Ao abrir um novo negócio, não há garantia de quando ele começará a fazer dinheiro. Uma das razões mais comuns de querermos impor falsos prazos para o progresso dos nossos negócios é a necessidade de fazer dinheiro suficiente o mais rápido possível, para que possamos nos sustentar. Entretanto, o medo de não ter dinheiro suficiente interfere com o amor e o propósito que sentimos pelo que fazemos. Ter outra fonte de renda ou reserva disponível é essencial nos primórdios do seu negócio.

História da Emma – Sem um plano financeiro

Emma estudou naturopatia e por muitos anos tinha vontade de abrir o seu próprio negócio. Um dia, decidiu fazer isso sem fazer nenhuma consideração financeira prévia. Ela veio me ver seis meses depois de ter largado seu trabalho. Ela tinha investido muito tempo e dinheiro no seu negócio, mas estava com poucos clientes e muito pouca renda. Quanto mais as coisas pioravam, com mais medo ela ficava, e com isso, pior ainda as coisas se tornavam. Quando o medo se instala, o negócio desanda. Ela não tinha mais condições financeiras para continuar. Perguntei a ela se ela havia feito um plano financeiro quando decidiu largar o outro emprego e abrir o seu próprio negócio.

"Não," Emma respondeu *"Eu achei que se eu jogasse tudo para o alto e fosse atrás do meu chamado, que tudo iria dar certo. Não é isso que todos os professores espirituais nos dizem?"*

Emma não é a única cliente que já conheci que fez esse pressuposto baseado em uma ideia tão simplista. Esse é um pensamento adorável, de que se pularmos dentro do desconhecido incondicionalmente com todo o nosso propósito, que tudo se resolverá. Entretanto, todos nós temos crenças autolimitantes e velhos condicionamentos que só ficarão aparentes quando fizermos a mudança. Juntas, Emma e eu, criamos um plano onde ela poderia manter o seu negócio aberto e operando, enquanto ela também trabalhava com outra coisa para fazer dinheiro suficiente para se manter.

E por causa disso, é importante assegurar-se de que você tenha segurança financeira. Nosso primeiro chacra, ou chacra básico, é onde mantemos as nossas necessidades primárias - comida e abrigo asseguram a nossa sobrevivência. Isso significa ter dinheiro suficiente para viver ou ter uma renda regular suficiente para um mínimo de dois anos do seu novo negócio.

Algumas pessoas estão em uma posição mais favorável, onde já têm um certo suporte financeiro, tal como a esposa ou o marido com condições financeiras boas para dar um apoio, uma reserva disponível na poupança ou investimento no banco, um dinheiro recebido através de um divórcio ou aposentadoria antecipada. Outros talvez até procurem fazer um empréstimo com um banco ou instituição financeira. De qualquer maneira, se você estiver nessa posição, pode ser meio desconcertante ver todo o seu capital inicial sendo investido e gasto sem trazer nenhum retorno. Se esse for o seu caso, veja essa quantia inicial estando ali como o dinheiro fundamental necessário agora, e tenha fé de que quando for a hora certa, a maré voltará e seu negócio FARÁ dinheiro.

Claro que não é todo mundo que está nessa posição. Você talvez precise manter-se empregado(a) durante os estágios iniciais do seu negócio. Se for o caso, escolha um emprego que não vá lhe roubar todo o seu tempo e energia. Não escolha um trabalho que você tenha que trabalhar por longas horas excessivamente, ou um trabalho que lhe causará estresse e ansiedade. Desapegue-se da necessidade de ter uma posição de "status" que inevitavelmente tomará mais ainda o seu tempo e a sua energia.

História do Tom - Desapegando-se de um trabalho desgastante

Tom era um advogado que não queria mais ser advogado, então ele seguiu a sua paixão e criou um negócio on-line vendendo instrumentos musicais usados, enquanto tentava manter a sua carreira na advocacia.

"Estou exausto," ele me contou. "Esse trabalho toma todo meu

tempo e energia e ainda me esgota emocionalmente. Eu não tenho tempo e energia suficientes para concentrar-me no meu negócio, e na real, eu nem quero mais estar lá, mas preciso do dinheiro para ter condições de manter um teto sobre a minha cabeça e o meu negócio em atividade."

Perguntei se ele consideraria fazer algo diferente para gerar alguma fonte de renda, mesmo que não fosse lhe proporcionar o mesmo teto salarial. Tom percebeu que estava se prendendo à sua carreira como advogado não só por causa do dinheiro, mas porque aquele trabalho lhe trazia um senso de sucesso e identidade (mesmo que odiasse aquilo!). Eventualmente, ele reconheceu que poderia desapegar-se daquilo, e fazer algumas mudanças mais significantes. Ele começou a trabalhar em uma cafeteria como barista, fazendo cafés das 7h da manhã às 3h da tarde, cinco dias por semana, mudou-se para um apartamento menor e com um aluguel não tão caro. Agora, ele tinha tempo e energia para dedicar ao seu negócio on-line, assim como, seguir sua verdadeira paixão que era tocar e fazer suas apresentações ao vivo.

Esperar que seu negócio faça dinheiro imediatamente é irrealista. Olhe para a natureza e veja como as coisas crescem. Uma árvore de carvalho começa bem pequena como uma bolota, essa bolota leva um bom tempo para germinar e produzir um broto que se transformará na raiz da futura árvore. Esse processo leva de 15 a 20 anos até transformar-se em uma planta jovem, que só consegue produzir suas primeiras bolotas quando alcançam a idade de 50 anos, até amadurecer chegando à fase adulta. Claro que o crescimento do seu negócio não levará todo esse tempo, mas estou usando o exemplo do carvalho como uma metáfora para ilustrar esse ponto importante.

Quando você tem uma renda suficiente vindo de uma outra fonte, você não contaminará o seu negócio com sentimentos tais como medo, ansiedade e escassez. Ao contrário, você o encherá de amor e paixão, sabendo que está seguro(a) e que tem o suficiente para viver. Você não quer ou precisa ficar desesperado(a) com o negócio. Agora pode focar em amor, paixão e propósito. No tempo certo, você terá condições de livrar-se da sua fonte de renda antiga, enquanto seu negócio floresce e cria mais e mais dinheiro.

História da Mandy – Trabalhando com o Universo

Mandy queria começar um negócio como Life Coach, mas não conseguia ver como isso poderia acontecer um dia. Ela tinha a hipoteca de sua casa para pagar e precisava manter o seu trabalho no banco para continuar tendo um teto sobre a sua cabeça. Todo dia, ela visualizava a si mesma fazendo seu trabalho como Life Coach e depois fazia a entregava de seu desejo e a sua visão para o Universo.

Dentro de três meses, o banco começou a fazer corte de funcionários e a oferecer acordos com incentivos para que alguns funcionários saíssem da empresa. Ela questionou se o seu cargo seria cortado, mas disseram-lhe que não. Apesar de ter ficado desapontada, continuou a entregar seu desejo e visão para o Universo. Três meses depois, eles ofereceram para ela um acordo de indenização por demissão onde ela receberia o correspondente ao salário de dois anos de trabalho. Aquilo foi suficiente para mantê-la por dois anos, enquanto ela criava e construía o seu negócio como coach. Mandy é hoje uma Life Coach de grande sucesso.

Meu trabalho "intermediário"

Depois de me dar conta que não queria mais trabalhar para uma organização, meditei e contemplei no que poderia fazer para ter uma renda enquanto meu negócio ainda estava no seu estágio inicial. Decidi trabalhar como babá, pois funcionava super bem com a minha família de três garotos adolescentes que estavam se tornando independentes. Coloquei um anúncio no quadro de avisos de um supermercado local e dentro de poucos dias eu tinha meu primeiro trabalho regular – tomando conta de um garoto, depois que saia da escola. Desse trabalho, fui sendo indicada para outras famílias, e sentia-me abençoada por poder trabalhar com algo que eu gostava e que era flexível.

3. Tome as medidas necessárias para dar suporte à sua visão

Alguns passos práticos para uma pessoa sem experiência com negócios são:

a. Crie um plano financeiro, assegurando-se de ter dinheiro suficiente ou uma fonte de renda regular para manter-se antes de começar.

b. Providencie para o seu negócio um número de cadastro nacional de empresas. Australian Business Number (ABN) se você mora na Austrália, (CNPJ) se você mora no Brasil ou equivalente se você mora em outro país.

c. Abra uma conta bancária para a sua empresa – mesmo que você não precise de uma nesse momento, ter uma conta separada facilita para manter registro das finanças e para declaração de imposto de renda.

d. Crie um nome para a sua empresa e uma logomarca – é importante definir essa parte mais cedo, pois os dois serão usados na criação do website, no cartão de visitas e em qualquer material de gráfica necessário no futuro. Mudar a logomarca mais tarde poderá custar a você tempo e dinheiro.

e. Crie um website – ter um website e um endereço de e-mail é equivalente ao cartão de visitas na modernidade. Toda empresa tem um e você precisa de um espaço para as pessoas descobrirem sobre você, seus produtos ou serviços e como contactá-lo(a).

f. Mande fazer cartões de visitas mesmo que você ache que eles são uma ideia ultrapassada. Haverá oportunidades onde eles ainda serão úteis.

g. Se preciso, procure por um estabelecimento comercial para alugar.

h. Visualize o resultado ideal para o seu negócio.

4. Não Espere Tornar-se Bem-sucedido(a) da Noite para o Dia

Muitas pessoas acreditam que os seus negócios vão decolar imediatamente, e com isso vivenciam sentimentos de fracasso e vergonha quando não obtêm os resultados que planejaram. Acredito que todos nós devemos passar por um aprendizado espiritual - isto é, sermos testados. O Universo testa a nossa fé e o nosso comprometimento, e se passarmos no teste, Ele nos envia oportunidades, mas essas oportunidades não são necessariamente o que o ego queira ou tenha planejado. Talvez você tenha que cobrar menos pelo seu trabalho por algum tempo ou até mesmo, não cobrar nada até que você consiga clientes que paguem por ele.

É importante lembrar que nem todo mundo faz dinheiro imediatamente quando começam um negócio novo. Muitos negócios levam tempo para se estabelecer. No meu caso e de muitos dos meus clientes, testemunhei o mesmo fenômeno por muitas e muitas vezes. No começo, há um período de comprometimento e trabalho, onde talvez, você terá a sensação de não estar fazendo nenhum progresso. Possivelmente se esforçando bastante e não recebendo nada em retorno, mas na verdade você está plantando as sementes que levarão um tempo para germinar.

Pensamentos de dúvida poderão surgir. O ego o fará acreditar que você tem que se esforçar, lutar e forçar para FAZER as coisas acontecerem. Nesse período do "plantio", entretanto, nós estamos construindo os alicerces para o futuro. O Universo está testando a nossa determinação, e nos perguntando:

- Quanto você realmente quer isso?
- O quão comprometido(a) você está?
- O que você está preparado(a) a renunciar por isso?
- Você está disposto(a) a continuar mesmo sem receber nada em retorno?

5. A paciência tudo alcança

Esse é o seu treinamento espiritual. Atrás de tudo o que você REALMENTE QUER estão inseridos desafios ao longo do caminho para obtê-lo. Não caia na mentira que diz que "*Se tiver que ser, será!*". Isso é um mito! A verdade é, para tudo que você realmente deseja, você deve criar condições para que isso aconteça. Não existem atalhos para conseguir o que realmente vale a pena.

O Tempo Divino é um conceito que muitos de nós acha difícil de aceitar. Vivemos em um mundo do tempo do Ego – com cronogramas, datas, agendas, metas e limites de tempo impostos. **A Lei Universal do Tempo Divino** é uma lei que diz "*No Seu tempo e não no meu tempo.*"

Quando vivemos sob esta lei, nós permitimos que o tempo se desenrole organicamente e nos desapegamos do tempo irreal. O Universo é uma Inteligência Divina que sabe o tempo ideal para tudo acontecer. Quando permitimos esta lei prevalecer, e não o nosso ego, nossa manifestação será perfeita. Se, entretanto, forçarmos para que as coisas aconteçam em um espaço de tempo que não esteja em alinhamento com o nosso bem maior, talvez manifestemos algo muito cedo, e talvez não teremos os elementos energéticos a postos para nos dar suporte e sustentação para o que criamos. Pode ser frustrante e de partir o coração manifestar algo que não estejamos prontos para receber, porque isso virá até nós, e irá embora novamente.

Adote a Lei Universal da Entrega

A Lei Universal da Entrega é uma lei poderosa que requer a "total entrega" das nossas esperanças e sonhos à Inteligência Divina. Podemos também fazer a entrega dos nossos sentimentos de impaciência, frustração, desespero ou qualquer que seja o que estejamos sentindo quando as coisas não acontecem exatamente como esperamos. Podemos então estar em paz, sabendo que o Universo está no comando de todas as manifestações.

Comprometimento e ação me levaram ao meu primeiro milagre

Depois de alugar um espaço por um dia por semana e pelo menos durante os quatro primeiros meses não ver nenhum cliente entrando pela porta, eu recebi um telefonema. Um vendedor de uma empresa que vendia pacotes promocionais on-line tinha achado um dos meus panfletos e queria saber se eu estava interessada em fazer um pacote promocional de sessões de Reiki. Apesar de que estaria fazendo sessões de Reiki por um preço muito baixo, aquilo seria uma ótima maneira de ter pessoas passando pela porta e praticar o meu trabalho de cura. Nós fechamos o acordo e dentro de poucos dias mais de 500 cupons de Reiki foram vendidos.

O dinheiro que eu recebi com a venda dos cupons foi suficiente para alugar aquele espaço por tempo integral por três meses. Trabalhei diligentemente e certamente aprendi muito naqueles três meses. Eu estava realizando meu treinamento espiritual! Meu trabalho como babá havia terminado! Fiquei surpresa com o tanto de pessoas que quiseram voltar e pagar o valor integral por uma sessão de Reiki e aconselhamento.

Até que alguém se comprometa, há uma hesitação, a chance de recuar, ineficácia sempre existirá.

Em relação a todos os atos de iniciativa e criação,

existe uma verdade elementar,

cuja ignorância mata incontáveis ideias e esplêndidos planos; que no momento em que alguém se compromete,

então a Providência se move também.

Todos os tipos de coisas ocorrem para ajudá-lo

que de outra maneira nunca teria ocorrido.

Todo um fluxo de eventos que se origina da decisão,

Surgindo em seu favor todo tipo de incidentes e encontros

e assistência material,

que nenhum homem sonharia aparecer em seu caminho.

Expedição Escocesa nos Himalaias

Elaborando seu Plano de Negócios Espiritual

Exercício 4 – Escrevendo sobre seus pensamentos, experiências e observações

Reserve um tempo para contemplar e escrever no seu diário respondendo às perguntas abaixo. Escreva o tanto que você desejar..

Por que você quer isso?

Quais são os custos iniciais prováveis para estabelecer o meu negócio?

Quais são as minhas despesas mensais?

- Aluguel ou financiamento da casa
- Comida
- Contas
- Combustível ou gastos com transporte
- Itens pessoais
- Entretenimento
- Outros

De que maneiras posso diminuir meus gastos?

De que maneiras posso me assegurar de ter dinheiro suficiente para me manter nos próximos anos?

Que medidas posso tomar agora para dar início ou continuidade ao meu negócio?

Exercício 5 – Oração de Comprometimento

Fique parado(a) e permita-se sentir quieto(a) e calmo(a).

Faça a seguinte oração para o Universo:

Eu entrego a Você o meu mais profundo desejo de que esse negócio dê certo e seja bem-sucedido.
Eu entrego a Você toda minha insegurança.
Eu lhe entrego todos os pensamentos de sucesso do meu Ego.
Eu lhe entrego toda impaciência.
Agradeço por me proporcionar tudo que preciso.
E por levar a minha visão a sua mais alta possibilidade.

Capítulo 3
A Magia de Chegar Lá

A jornada para tornar-se espiritualmente bem-sucedido(a) é um processo de cura sagrado

Quando você decide trabalhar por conta própria, você não tem a menor ideia de onde você está se metendo. Em outras palavras, esse é o começo de uma jornada para mundos que você ainda não conhece. O desconhecido é o campo das infinitas possibilidades – ele é misterioso, excitante e transformador. É inevitável que desejar algo além do que você tem agora fará você e o seu mundo expandirem-se.

Essa é a **Lei Universal do Potencial Puro** – você é potencial puro. Dentro de você existem infinitas possibilidades, mesmo que a mente limitada do seu ego lhe diga o contrário. A intenção de trabalhar por conta própria e querer ser bem-sucedido(a) faz você se libertar de um molde antigo e permite a sua expansão para a formação de um novo. Você tem talentos e habilidades dentro de si que não sabe ainda. A **Lei Universal da Transmutação Perpétua de Energia** diz que você tem todo o poder dentro de você para transformar a si mesmo(a) e às suas circunstâncias.

Tenha seu foco na jornada, e não no destino

Esteja atento(a) ao ego e à impaciência dele. O ego quer estar "lá" onde o resultado do seu objetivo está; ele não quer estar "aqui" no desconhecido e no desenrolar do processo. Mas por favor entenda que, chegar lá, é um processo. Então por que não aproveitar esse processo? Torne-se consciente das vezes que o ego estiver alimentando seus pensamentos com impaciência, medo e escassez tais como:

- Eu já deveria ter mais clientes
- Eu já deveria ter feito mais dinheiro
- Eu nunca conseguirei chegar lá
- Aquela pessoa está se dando muito melhor que eu
- As coisas não estão acontecendo de acordo com o planejado
- Eu não tenho tempo o suficiente
- Eu não tenho clientes o suficiente
- Eu não tenho um número suficiente de seguidores
- Eu não tenho uma quantidade suficiente de recursos
- Eu não tenho dinheiro o suficiente

Esta lista poderia ter várias páginas, mas tenho certeza de

que você entende o que quero dizer. O ego vê a vida através das lentes do "não suficiente".

Abundância x Escassez

A verdade é que apesar das suas circunstâncias, o poder para ser bem-sucedido(a) está dentro de você. **A Lei Universal da Abundância** diz que você tem dentro de si tudo o que é necessário para fazer da sua encarnação na Terra um paraíso se você escolher aceitar a verdade de que a abundância é seu direito de nascença. Nós vivemos em um Universo de abundância, apesar de que a maioria das pessoas que vivem no nosso planeta atualmente o veem como um Universo de escassez – uma escassez de tempo, recursos, dinheiro, amor e qualquer outra coisa que você possa pensar. Por padrão, as nossas mentes estão programadas a pensar em termos de escassez e não de abundância, então tenha compaixão por si mesmo(a) se você cair nesse padrão de pensamento de tempos em tempos, ou até mais frequentemente!

Desafios e Milagres

Há também outra Lei Universal conhecida como **A Lei Universal dos Desafios**, e essa lei diz que desafios nos SERÃO enviados no decorrer das nossas vidas. Por quê? Porque estamos aqui para transformar e crescer. Ao encarar um desafio e procurar por sua resolução, nós crescemos e nos tornamos uma versão melhor e mais leve de nós mesmos.

O caminho para o sucesso é uma mistura interessante de ambos milagres e desafios. Os milagres são evidências de que você está conectado e em fluxo. Os desafios estão lhe mostrando onde você precisa crescer. Todos nós temos crenças limitantes que vieram da nossa criação, nossa família, nossos ancestrais e até de nossas vidas passadas. Vivemos em um mundo criado pela soma total da consciência de todas as pessoas, logo estamos constantemente sendo bombardeados com mensagens de limitação e medo – da mídia, do governo, e mesmo das pessoas que conhecemos e amamos.

Aceitação

Por esta razão, nós devemos aprender a aceitar ambos os milagres E os desafios como um presente de amor do Universo. Problemas e desafios são uma oportunidade para crescermos. **A Lei Universal da Aceitação** nos diz que aquilo que aceitamos tem o poder de mudar, mas aquilo que resistimos persiste. Desafios são embutidos em nossa vida diária para assegurar o nosso crescimento e transformação. Quando os aceitamos, nós trabalhamos com eles, e não contra eles. Quando aceitamos tudo que nos acontece, independentemente se o julgamos como positivo ou negativo, bom ou mau, nós reconhecemos que tudo é para o nosso bem maior, que tudo nos é dado por um Universo amoroso. Os desafios são para o nosso crescimento e aprendizado, e os milagres são as nossas recompensas por pensar de uma maneira divinamente certa.

Pensamentos são poderosas formas de energia

Toda vez que você passa por desafios ou problemas no seu negócio, preste atenção nos seus pensamentos. Não é o acontece com você ou com o seu negócio que é o problema; é o que você PENSA sobre o que acontece com você e com o seu negócio que é o problema. Pensamentos são formas poderosas de energia que criam uma vibração.

Nossos pensamentos só podem vir de dois lugares – do amor ou do medo. E os nossos pensamentos podem somente ter dois tipos de vibrações – de abundância ou de escassez. Nossos pensamentos estão sempre indo para uma direção ou outra –

- Amor ou medo
- Abundância e ou escassez
- Expansão ou contração.

Se você está se sentindo pessimista, sem esperança ou negativo(a) sobre si mesmo(a) ou sobre o seu negócio, eu posso lhe garantir que é porque você está pensando em termos de medo ou escassez. Esses pensamentos não são verdadeiros e eles não lhe servirão. Se você se encontrar constantemente pensando em termos de medo e escassez, isso não é sua culpa. Existe uma razão subentendida pela qual isso está acontecendo – são as crenças limitantes.

Nos próximos três capítulos, vamos analisar essas crenças mais a fundo – sobre nós mesmos, sobre dinheiro e sobre a vida em geral, e como desvendar tudo que está impedindo você de pensar de maneira divinamente certa e de manifestar o seu sucesso de verdade.

Mudando do medo para o amor

O Universo ama você. Ele o(a) criou e a única coisa que Ele quer é o que for melhor para você. O Universo quer que você se transforme na sua melhor versão. Então mesmo que as coisas que estão acontecendo agora lhe tragam medo na forma de emoções negativas, sempre há uma razão de amor por trás de cada uma delas, mesmo que você não possa ver ainda. Quando escolhemos ver tudo que acontece pelas lentes do amor e não pelas do medo, tudo ganha um significado completamente novo.

O medo existe até certa extensão dentro de todos nós. Se você está sentindo medo ou um senso de escassez em qualquer área da sua vida, você não está sozinho(a). É normal e humano ter medo, e acreditar na falta. Medo de que não haverá o suficiente é um mecanismo de defesa do ego que nos mantém vigilantes.

Medo não é uma coisa que podemos empurrar ou afastar para longe de nós. Dizer para si mesmo(a) *"Eu não deveria me sentir dessa maneira"* ou *"Não vou me sentir assim"* é inútil e uma forma de autossabotagem. A única maneira de vencermos o nosso medo é reconhecê-lo e aceitá-lo. Aceitação é amor em ação. Aceitação cria uma vibração que nos conecta com a Força Universal. Aceitar o nosso medo é o primeiro passo em direção ao amor e à abundância.

Uma descoberta importante na minha jornada

Quando comecei o meu negócio, eu me senti divinamente guiada a fazer o que desejava fazer e senti uma imensa gratidão por ter achado o meu propósito. Eu senti gratidão pelo milagre dos 500 cupons de Reiki vendidos. Mas foi naquele momento que a minha conexão espiritual terminou. Pensei que o Universo estava me dizendo:

"OK, Eu lhe guiei até o seu propósito e mostrei o que precisa fazer, então agora prossiga com o seu trabalho. A minha parte está feita."

Eu não entendi que Ele iria me proporcionar TUDO que eu precisasse em todos os momentos, se eu mantivesse as minhas intenções.

A promoção dos cupons de Reiki foi se acabando e ao mesmo tempo que ainda tinha clientes pagantes, não havia o bastante para me proporcionar uma renda suficiente. Então caí no padrão de pensamento de escassez, e comecei a ter pensamentos receosos. Eu precisava manifestar mais negócios. Estava prestes a aprender ainda mais sobre a engenhosidade do Universo e muito mais ainda sobre mim mesma!

Eu proativamente comecei a meditar e a orar todos os dias. À medida que ia aceitando tudo que estava acontecendo, me tornei consciente de que aquela fase mais tranquila era um presente e não uma perda. Comecei a ter a sensação de que talvez o meu caminho a seguir não seria como uma terapeuta tradicional. Mais e mais eu me senti guiada a seguir o meu coração. Estava aprendendo bastante através daquela experiência e adquirindo conhecimento sobre cura, e me senti inspirada a escrever o meu primeiro livro 'Five Steps to Finding Love' (Cinco Passos Para Encontrar o Amor), baseado no trabalho que estava fazendo com as mulheres que vinham me ver e que estavam à procura de um relacionamento amoroso.

Assim que a minha intenção ficou clara, a pessoa que eu precisava para me ajudar veio até a porta do meu consultório! Indicado pela minha cliente Verônica para fazer uma sessão de Reiki comigo, o Daniel, amigo dela. Reiki nem era muito de seu interesse, mas ele tinha as habilidades exatas que eu precisava para me auxiliar a publicar e comercializar meu primeiro livro. O Daniel tornou-se uma parte importante do meu negócio por muitos anos, pois tinha o conhecimento e aptidões que eu não tinha. Quando o livro foi publicado, eu fiquei surpresa com o tanto de pessoas que queriam comprá-lo e muito mais surpresa ainda, com o número de pessoas que estavam vindo me ver.

Já havia muitos anos que eu fazia leitura de Tarô para mim mesma e para meus amigos, mas nunca havia considerado isso ser uma modalidade apropriada para ser usada por uma coach ou terapeuta de Reiki. Eu fiquei sabendo de uma curadora, chamada Jacqui, que alugava uma sala no mesmo prédio que eu. Ela me pediu para fazer uma leitura do Tarô para ela e achou que aquela sessão a ajudou muito, logo me sugeriu que eu começasse a oferecer o Tarô como parte dos meus atendimentos para ajudar meus clientes. Fiquei meio resistente no começo, com medo de ser julgada e não ser levada a sério. Ainda existem tantos julgamentos e desentendimentos sobre Tarô, mas eu confiei na sugestão dela, e o seu conselho estava certo. Comecei a atrair mais pessoas que precisavam de orientação na trajetória de suas vidas.

Um ano depois, durante uma fase de estresse financeiro, outra inspiração me veio durante uma sessão de orações e meditação, para eu ensinar Reiki. Mais uma vez, me foi enviada a pessoa certa que eu precisava naquele exato momento. Conheci uma pessoa que era Mestre de Reiki que queria aprender como fazer leitura de Tarô. Dentro de poucas semanas eu estava ensinando Reiki para grupos. Minha renda aumentou consideravelmente e proporcionalmente aos meus níveis de realização e propósito.

Em cada passo do meu caminho, o Universo me mandou o que eu precisei. Ele me mandou os meios para encontrar os recursos que precisei para começar meu negócio, novas ideias e inspirações para continuar, as pessoas perfeitas que foram de grande ajuda e que me inspiraram no momento certo, e eventualmente me mandou novos clientes e mais dinheiro.

E acredite em mim, se você sentir um senso de inspiração

e empolgação em relação ao seu negócio, você vai então receber ajuda Universal também. Conexão Universal é o caminho! Você sempre tem o apoio de um Universo de amor, mesmo as coisas chamadas de negativas. Ajuda está a sua volta quando você decide viver o seu propósito. Você não está só. O Universo quer ajudá-lo(a) e trabalhar com você.

Sincronicidade Divina

Ao longo dessa jornada, eu aprendi que o caminho para o sucesso é através do *Caminho dele* e não do *meu caminho* - o caminho do Universo, não o caminho do meu ego. Conheci tantas pessoas que foram "as pessoas certas na hora certa." Algumas delas foram pessoas que vieram para me ajudar com o meu negócio, como o Daniel e meu atual extraordinário assistente Ben; algumas me ofereceram oportunidades para ser oradora convidada, participar de entrevistas e podcasts, outras foram curadoras e terapeutas que me ajudaram da maneira exata, na hora certa e no momento certo, algumas são amigos que me deram ideias, conselhos e encorajamento; outros ainda me recomendaram ou deram livros onde a leitura me beneficiou imensamente. Muitas vezes, os livros me encontraram de maneiras aleatórias. Eu tenho sido mostrada repetidas vezes que na vida não existem acidentes. Se uma pessoa se mantiver aberta, consciente e flexível, ela terá a habilidade de identificar uma oportunidade e agarrá-la.

Flexibilidade

Esteja preparado(a), pois a visão original que você teve

para si mesmo(a) poderá mudar ou ser alterada à medida que você cresce e se conhece melhor. A minha certamente mudou. Eu mudei da minha intenção original de ser uma terapeuta transpessoal para me tornar uma pessoa que promove a cura através de energia e guia intuitiva de trajetória de vida, autora de livros e professora. Através da minha total entrega, o caminho me foi mostrado. E isso foi realmente um caso do 'O Caminho Dele e não o meu Caminho'.

O Caminho Dele é o caminho certo!

Estabelecendo uma Conexão Divina

Você é um(a) cocriador(a). Não há necessidade de fazer a sua jornada sozinho(a). Na verdade, se você o fizer, será muito mais difícil e menos agradável do que se você trabalhar em conjunto com a Luz. O Criador é a Inteligência Suprema e quando você se conecta com Ele, você tem toda a clareza, a inteligência e o poder de manifestar o que precisa. Você também tem a habilidade de saber quando a sincronicidade divina está a trabalhar. Entretanto, a maioria de nós volta automaticamente para a desconexão do próprio ego, a não ser que implementemos práticas regulares para nos manter conectados. As que mais funcionaram para mim foram meditação, escrever no meu diário, afirmações e orar. Eu as faço diariamente e isso tem feito toda a diferença para mim e para o meu negócio. Todos nós somos únicos e é muito importante encontrar hábitos com as quais você se identifique.

A seguir algumas sugestões:

- Meditar
- Orar
- Fazer yoga
- Fazer caminhada prestando atenção em tudo ao seu redor
- Separar um tempo para reflexão quieto(a) e sozinho(a)
- Passar um tempo sozinho(a) na natureza
- Escrever em um diário
- Ler livros que expandem a mente e o espírito
- Fazer afirmações
- Atividades criativas

Eu sugiro que se você quiser fortalecer a sua conexão com o Universo, faça as suas práticas espirituais curtas e frequentes, em vez de extensas e ocasionais. Não que as extensas e ocasionais estejam fora de questão - sem dúvida que se você achar que precisa de participar de um retiro ou de uma conferência para seu autodesenvolvimento, você deve fazê-lo! Lembre-se, contudo, que uma prática diária quando você chega em casa ainda é necessária. Eu coloquei uma meditação bem simples no final deste livro.

História do Harry – De conectado a desconectado e a conectado novamente!

O Harry tinha recentemente retornado da América do Sul quando veio me ver. Sentindo-se sem energia e desanimado, ele me contou que esteve em um longo retiro xamânico e que tinha voltado para a Austrália sentindo-se entusiasmado pois enquanto estava no retiro, ele teve uma visão sobre o seu propósito e o negócio que desejava criar. Inicialmente, sentiu-se otimista e energizado, mas dentro de poucas semanas começou a ficar meio atordoado, sentindo-se desmotivado e cheio de dúvidas. Perguntei se ele vinha mantendo qualquer prática espiritual desde que voltou para casa da sua sabatina espiritual e a resposta foi não.

"Por que não?" perguntei.

Ele parou por um momento para pensar e respondeu: *"Minhas experiências na América do Sul foram tão maravilhosas, que sentar sozinho para meditar parece ser muito chato e desestimulante."*

Eu entendi. Retiros são experiências que podem mudar a nossa vida – especialmente se envolvem tomar a substância alucinógena ayahuasca, em uma linda floresta tropical, e em comunhão com outras pessoas, também em uma jornada espiritual, mas esse tipo de experiência extrema pode se tornar viciante a não ser que nós possamos vê-la pelo que ela realmente é. A vida diária pode parecer entediante quando inevitavelmente a realidade aparece. Harry foi de um estado super conectado para um completamente desconectado!

Expliquei para ele que a conexão que ele sentiu na América do Sul também é possível de ser sentida aqui, mas somente ele poderia fazê-la acontecer. Ele começou uma prática diária de meditação pela manhã e seguiu minha sugestão de visualizar o resultado Divino que ele almejava para o seu negócio ao final de cada meditação, agradecer e fazer a entrega ao Universo. Em conjunto com ações diárias, Harry começou a desenvolver uma boa tração, e à medida que foi tendo um senso de movimento em direção à sua visão, foi sentindo-se cada vez mais confiante e poderoso. Ao mesmo tempo que não estava experimentando o êxtase que sentiu na América do Sul, ele estava movendo-se em paz e cada vez mais alegre rumo ao seu sucesso futuro.

Você é um(a) cocriador(a)

A Lei Universal da Entrega é uma lei Universal poderosa. Seja o que for que desejamos manifestar, nós fazemos a total entrega para a Inteligência Suprema que sabe exatamente como criar o que queremos. Ao incorporar essa lei com a **Lei Universal da Ação**, nós então nos tornamos cocriadores.

Fazer a entrega da sua visão de longo prazo ao Universo à medida que você atua nas suas metas de curto prazo. Dessa maneira, você está avançando com perfeição, enquanto se lembra da **Lei Universal do Tempo Divino** – No tempo Dele e não no *meu* tempo.

Tarefas diárias

Há alguns anos eu li essas sábias palavras:

Pessoas bem-sucedidas fazem as coisas que pessoas sem sucesso não estão preparadas para fazer.

Isso é muito verdadeiro. Para chegar ao final do jogo, existirão tarefas que não queremos fazer, mas que temos que fazer. Se há tarefas que você não se sinta motivado(a) a fazer, ou até mesmo não as tolere, pergunte-se:

- Como me sinto em relação a esta tarefa?
- O que não gosto em relação a esta tarefa?
- O que posso fazer para transformá-la em uma tarefa mais prazerosa?

Como dizia Mary Poppins, *"Em toda tarefa a ser feita, existe um elemento de diversão. Você encontra a parte divertida e pronto! A tarefa torna-se uma brincadeira."*

Descobri que me dar de presente algumas recompensas no desenrolar das tarefas difíceis funciona muito bem. Se uma tarefa em particular requer um conhecimento especializado que eu não tenha ou se não tenho tempo o bastante para aprender, passar essa tarefa para um profissional especializado tem sido uma boa decisão.

Sinais e Orientação

Assim como as pessoas certas e oportunidades vêm ao nosso encontro, frequentemente sinais e orientações nos são enviados. Mesmo antes de ter começado meu negócio, eu sabia que libélulas eram um símbolo poderoso que continuava aparecendo para mim em tempos de mudança. Para mim, elas simbolizam que eu estou em transformação e que estou no caminho certo em relação às mudanças que estou fazendo. Borboletas representam transformação, mas para mim, elas sempre aparecem como um sinal de novos começos.

Números são similarmente bem simbólicos, especialmente números duplos ou triplos como 11, 111, 22, 222, 33, 333 e assim por diante. Em geral, números simbolizam o crescimento da nossa atenção e percepção em relação a tudo à nossa volta e da nossa consciência, mas eles também podem simbolizar a presença de anjos ou Seres de Luz à nossa volta e são uma confirmação de qualquer que seja o que você estiver pensando ou escolhendo naquele momento.

Em algumas vezes, recebi mensagens bem diretas do Universo, como na vez que estava me sentindo desanimada e cheia de dúvidas sobre mim mesma, e recebi na minha caixa de correio, um sinal bem grande na parte de trás de um material de propaganda que dizia 'MATENHA A SUA DETERMINAÇÃO'. Dedique algum tempo durante a cada dia para prestar atenção nas coisas à sua volta e fique aberto(a) aos sinais e orientações. Você se surpreenderá com a quantidade de mensagens do Universo que lhe são enviadas frequentemente.

Você não sabe das armas que tenho!

Você não sabe das maneiras que tenho!

Você não sabe dos meios que tenho!

Armas misteriosas, maneiras misteriosas e meios misteriosos!

Pois Deus trabalha de misteriosas maneiras

ao realizar suas maravilhas,

O problema com a maioria das pessoas é que elas querem saber a maneira e os meios de antemão.

Elas querem dizer para a Inteligência Suprema exatamente como suas preces deveriam ser atendidas.

Elas não confiam na sabedoria e engenhosidade de Deus.

Elas rezam, dando à Infinita Inteligência instruções definidas de como trabalhar, limitando assim o Santo de Israel.

Florence Scovel Shinn

Elaborando Seu Plano de Negócios Espiritual

Exercício 6 – Escrevendo sobre seus pensamentos, experiências e observações

Reserve algum tempo para contemplar e fazer anotações ao responder às perguntas abaixo. Escreva o tanto que desejar.

Quais pensamentos eu tenho que são baseados no medo e na escassez? (Escreva todos que aparecerem para você)

O que estou tendo dificuldade em aceitar?

O que vejo como meus desafios atuais?

Quais são as qualidades que preciso desenvolver em mim mesmo(a) para poder superar esses desafios?

Existem tarefas que eu não queira fazer, mas que tenho que fazer?

O que poderia fazer para criar mais alegria ao realizar essas tarefas?

O que poderia fazer para fortalecer a minha conexão Universal a cada dia?

- Meditar
- Orar
- Fazer yoga
- Fazer caminhada prestando atenção em tudo ao seu redor
- Separar um tempo para reflexão quieto(a) e sozinho(a)
- Passar um tempo sozinho(a) na natureza
- Escrever em um diário
- Ler livros que expandem a mente e o espírito
- Fazer afirmações
- Atividades criativas

Já tive experiência com alguma das opções abaixo?

- Sincronicidade Divina
- Sinais Universais e Orientações

Exercício 7 – Uma Oração Diária para Entrega e Presença

Fique parado(a) e permita-se sentir quieto(a) e calmo(a). Faça a seguinte oração para o Universo:

Eu entrego a Você o dia de hoje.
Eu entrego a Você meus desafios,
minhas preocupações e meus medos.
Que todos eles sejam resolvidos em tempo Divino e perfeito.

*Que hoje eu honre a minha jornada e
sei que estou exatamente onde devo estar.
Que eu realize cada tarefa com graça e facilidade.
Que eu esteja aberto(a) para receber cada presente que Você me
mandar e aberto(a) para os Seus sinais e orientações.
Obrigado(a).*

Capítulo 4
Transforme o seu relacionamento consigo mesmo(a)

O que você acredita sobre si mesmo(a) irá expandir ou limitar o seu sucesso

Tudo que acontece conosco e à nossa volta é um espelho do que acreditamos sobre nós mesmos. Tudo que está acontecendo, ou não, no seu negócio é um espelho do que você acredita em relação a si mesmo(a). Você é o seu negócio! **A Lei Universal da Crença** diz que qualquer coisa em que acreditarmos, nós a criamos. Se você não acreditar que não é bom/boa o suficiente, então o seu negócio nunca será bom o suficiente. Se você acreditar que não é importante, o seu negócio nunca se tornará importante.

Se você acreditar que não merece, você pode assegurar-se de que muitos negócios não acontecerão. Se qualquer uma dessas crenças se assemelham às suas, você não está sozinho(a), e não é sua culpa. Muitas das nossas crenças limitantes que temos sobre nós mesmos foram formadas nos primeiros anos de nossas vidas, e algumas delas vão mesmo antes dos nossos ancestrais cujas impressões ainda existem em nosso DNA.

A boa notícia é que podemos ultrapassar as crenças autolimitantes se:

- Localizarmos a crença
- Examinarmos a crença
- Reprogramarmos uma nova crença.

E isso é exatamente o que lhe ensinarei neste capítulo. Não subestime a importância disso. Se não acordarmos e assumirmos a responsabilidade pelas nossas próprias crenças e soubermos que temos o poder de mudá-las e com isso mudar a nossa realidade, continuaremos perpetuando a mesma velha realidade.

Podemos saber da existência de algumas crenças sobre nós mesmos conscientemente, e outras poderão estar guardadas no nosso subconsciente ou até mesmo no nosso inconsciente. O nosso campo de energia contém traumas e velhas programações não apenas desta vida, mas também das vidas dos nossos ancestrais e até mesmo de vidas passadas. Eu gostaria de compartilhar com você, algumas das crenças autolimitantes mais comuns que impedem as pessoas de ter sucesso no próprio negócio (ou em qualquer outra área da vida):

- Eu não sou bom/boa o suficiente.
- Eu não sou digno(a) ou merecedor(a).
- Eu não sou capaz.
- Não consigo – Sou burro(a) / Não sou criativo(a).
- Sou inferior / não sou importante.
- Ninguém me ama, ninguém me quer.
- As pessoas vão me trair ou me desapontar.
- Eu devo fazer tudo para todo mundo primeiro.
- Nunca faço nada direito.
- Se as coisas não acontecem do jeito que quero que elas aconteçam, significa que sou um fracasso.
- Sou MUITO digno(a), merecedor(a) e importante.
- As pessoas devem fazer o que espero que elas façam.

Deixe-me compartilhar com você um exemplo de como cada uma dessas crenças influenciaram a minha própria vida e a dos meus clientes, e algumas afirmações para reprogramar uma crença nova.

História do Tony – Eu não sou bom o suficiente

Tony teve uma ideia fantástica de um negócio, mas tinha pavor de fazer propostas e lidar com clientes em potencial. Ele acreditava no produto que tinha criado, mas não acreditava que era bom o bastante para vendê-lo. Só a ideia de "ter que fazer uma venda" já o fazia desanimar.

"Não acredito que ninguém vai querer comprar meu produto," disse ele *"com tantas outras opções que existem por aí."*

Tony tinha caído em uma mentalidade competitiva, ao invés de focar na sua proposta exclusiva de vendas (Falarei mais sobre marketing no Capítulo 7). Eu disse ao Tony que sempre existirão competidores por aí, mas que cada um de nós é único, o que faz do nosso produto sem igual. O trabalho dele seria concentrar-se em tudo que o seu produto tinha a oferecer, e não nos produtos disponíveis no mercado. Para Tony, concentrar-se em tudo que ele sabia e fazia bem, seria o que tinha que fazer!

Fomos um pouco mais a fundo e descobrimos que ele não se sentia bom o suficiente. Sentiu-se aliviado quando lhe assegurei que essa era uma crença muito comum – que a maioria de nós, até certo ponto, acredita que não somos bons o bastante, e que quando fazemos a primeira tentativa de vender nossos serviços ou produtos, poderemos sofrer da "síndrome do impostor."

Contei para ele uma passagem engraçada de um dos filmes da comédia americana dos Irmãos Marx onde um deles perguntava: *"Quem nessa vida iria querer pertencer a um clube que me tivesse como membro?"* Um pouco de humor pode ajudar com a nossa cura! Eu também lhe repassei a dica do seminário de terapia transpessoal de um dia – *"Fake it till you make it."* - Para fazer de conta que sabe até ter praticado o suficiente para realmente dominar a prática que estudou.

Afirmações

Eu agora liberto-me do meu passado e estou disposto(a) a acreditar que sou bom/boa o suficiente.

Meus produtos e serviços são bons o suficiente.

As pessoas precisam dos meus produtos e serviços.

História da Debbie – Não mereço

Mesmo já tendo aberto seu negócio como professora particular há cinco anos, Debbie veio me ver por que estava passando por dificuldades financeiras e somente lutando para sobreviver. (Vou falar bastante sobre dinheiro no próximo capítulo.) Com pouco tempo de conversa, ela me revelou que tinha dado descontos para quase todos os seus alunos pois acreditava que eles não poderiam pagar pelo valor integral da aula. Sua raiva era evidente quando me contou que outros professores particulares, além de cobrar o valor integral pelas aulas, tinham mais alunos que ela.

"Por que disso? Eu simplesmente não entendo," disse ela.

"Será que eles sentem que merecem receber pelo valor integral e você não? perguntei a ela. *"E será que pelo fato de sentirem-se merecedores, estão abertos a receber mais?"*

Debbie pestanejou ao digerir a ideia, mas continuou a defender a sua não merecedora pessoa.

"Estou tentando fazer a coisa certa pelos meus alunos," disse ela.

"Às custas de fazer o certo por você." Perguntei se ela achava que o preço que estava cobrando era razoável e ela disse que sim.

"Debbie, você é digna e merecedora do valor integral que você estipulou. Seu trabalho agora é se comprometer em cobrar esse valor. Se um aluno não pode pagar pelo seu valor, ele terá que encontrar outro profissional."

"Mas quem dará aulas para eles?" perguntou Debbie.

"Alguém que fará o que você está fazendo agora!"

Debbie continuou cobrando o valor com desconto para os alunos que já tinha, mas começou a cobrar o valor integral para todos os novos alunos. Debbie não só aumentou a sua renda, mas começou a atrair mais alunos, e não menos.

Afirmações

Eu agora liberto-me do meu passado e estou disposto(a) a acreditar que sou digno(a) e merecedor(a).

Eu sou digno(a) e merecedor(a) de ser bem pago(a) pelos meus serviços.

História do Tim – Eu não sou capaz

Quando conheci o Tim, ele estava exausto de trabalhar

com vendas para uma grande organização financeira internacional, completamente sem paixão pelos produtos que estava sendo obrigado a vender e cansado de ter que cumprir metas todo trimestre.

Fiz a minha pergunta de ouro:

"Se uma fada o tocasse com uma varinha de condão hoje à noite quando estivesse dormindo, e você acordaria no dia seguinte fazendo o que você realmente ama fazer, o que isso seria?"

"Eu adoraria restaurar coisas antigas e ter uma loja cheia de coisas interessantes que foram recicladas, mas não consigo ver como isso poderia um dia acontecer. Eu não saberia nem a primeira coisa sobre abrir o meu próprio negócio"

"Só porque você não sabe a primeira coisa, não quer dizer que você não tenha todos os recursos dentro de você para descobri-la e até mesmo fazê-la".

Eu falei para o Tim que uma pessoa não precisa saber tudo que existe para saber imediatamente. Você aprende ao praticar. E, além disso, ele até poderia descobrir que tinha outras habilidades e talentos que ele talvez nem sabia que existiam ainda. Nós todos temos; mas temos que entrar no desconhecido para encontrá-los.

Foi como se uma lâmpada tivesse se acendido para o Tim. Ele tinha se confundido, considerando o "desconhecido" ser um lugar escuro e limitado, ao invés de um campo de infinitas possibilidades.

Afirmações

Eu tenho todos os recursos dentro de mim para começar e ter sucesso.

O desconhecido é um campo de infinitas possibilidades dentro de mim.

Eu tenho tudo que é preciso para ter sucesso.

História da Leah – Eu não consigo

Leah tinha um negócio de joias on-line muito bem-sucedido e foi convidada para falar em um fórum para empreendedores de empresas on-line. Era uma oportunidade maravilhosa para ela, mas a ideia de falar em público a imobilizou de tanto medo que sentiu.

"Eu não consigo me apresentar diante de todas aquelas pessoas," ela disse.

Eu perguntei se ela conseguiria me contar sobre a primeira ou pior vez que tinha sentido medo de falar em público. Leah lembrou-se de ser extremamente tímida na escola e de uma ocasião em que ficou com a língua presa quando estava falando para toda sua classe e todo mundo riu dela.

Nós fizemos um trabalho juntas para liberar traumas e Leah começou a perceber que conseguiria fazer aquilo.

Afirmações

Eu agora liberto-me do meu passado e estou disposto(a) a acreditar que consigo.

Eu consigo superar minhas velhas limitações.

Eu consigo fazer tudo que preciso para alcançar meu potencial total.

História do Ben – Sou inferior / não sou importante

Ben era dono de uma cafeteria e seu negócio estava passando por dificuldades. Pouco tempo depois de abrir seu negócio, outra cafeteria foi aberta na mesma área e lhe entristecia ver as pessoas se dirigindo à cafeteria do outro lado da rua, e não para a dele. No decorrer da nossa conversa, o Ben me contou que aquilo o fazia lembrar de como se sentia ao crescer. Seu irmão mais velho, Will, tinha um alto desempenho na escola e seus pais e professores sempre faziam o comentário mais desconcertante *"Por que você não pode ser como o seu irmão Will?"*

Durante toda sua vida, Ben sentia-se inferior e sem importância em relação ao seu irmão mais velho. Então não era surpresa nenhuma que agora ele estivesse revivendo um cenário similar no seu próprio negócio, onde ele e seu negócio eram inferiores e não importantes. Eu compartilhei com o Ben que quando nós (e, portanto, o nosso negócio) acreditamos que somos sem importância ou inferiores, nós vamos inconscientemente criar um negócio que parece não ter importância e que seja inferior também.

Fizemos um pouco de EFT (Técnica de Libertação Emocional ou Tapping) e NLP (Programação Neurolinguística) focando em sentir-se importante, e quando a vibração do Ben se elevou, dentro de uma semana ele me reportou que estava tendo novas inspirações sobre novas comidas e decoração para a sua cafeteria. Agora, seu negócio está bem movimentado.

Afirmações

Eu agora liberto-me do meu passado e estou disposto(a) a acreditar que sou importante e igual a qualquer outra pessoa.

Eu sou importante e o meu negócio é importante.

Minha história – Não me querem

Eu não tinha a menor ideia de que lá no fundo eu mantinha essa crença de que *"Não me querem"*. Isso me foi revelado durante uma sessão de cinesiologia alguns anos depois de ter aberto meu próprio negócio. Essa crença começou quando eu ainda estava no ventre da minha mãe. Meu pai não estava pronto para ter uma segunda criança. Claro que sei que ele me quer agora e sou muito feliz, pois meu pai e eu usufruímos de um ótimo relacionamento, mas isso não me protegeu de ser ferida emocionalmente na época e de trazer comigo aquela ferida por toda a minha vida, até o momento em que ela estava pronta para revelar-se para mim.

Essa crença estava afetando meu negócio no começo. O negócio fluiria por um tempo e depois parava, porque lá no fundo, eu acreditava que não me queriam ou que não seria querida eventualmente. Quando me tornei consciente desta crença, libertei-me dela e meu negócio começou a fluir consistentemente.

Afirmações

Eu agora liberto-me do meu passado e estou disposto(a) a acreditar que me querem.

Os meus clientes me querem.

O Universo me quer.

História da Sylvia – As pessoas vão me trair ou me desapontar

Sylvia era uma designer de interiores que foi solicitada para decorar a casa de uma cliente enquanto a cliente estava viajando fora do país. Elas se comunicaram durante a toda realização do projeto e Sylvia regularmente enviava fotos da renovação do interior da casa, onde a cliente havia gostado muito. Então, foi uma surpresa muito desagradável quando a cliente retornou do exterior e furiosamente, disse à Sylvia que tinha odiado a nova decoração. A cliente estava exigindo receber seu dinheiro de volta ou iria processá-la. Sylvia decidiu seguir em frente e lidar com o problema legalmente. Quando nos encontramos, ela estava em um estado de muita ansiedade.

Durante a nossa sessão juntas, eu a acompanhei em um processo de cura em nível espiritual chamado *Soul Truth Healing* e descobrimos que havia um trauma de uma vida passada no seu campo energético, onde Sylvia tinha sido falsamente acusada de um crime que não tinha cometido e condenada à morte. No fundo, no fundo ela ainda estava mantendo aquela crença que tinha sido formada em uma vida passada onde pessoas falsamente a acusaram e condenaram. Em reflexão, ela se deu conta de que tinha vivido experiências similares no passado. Nós liberamos aquela energia do passado, e eventualmente, o caso do processo contra ela foi retirado. Nada parecido aconteceu com a Sylvia desde então.

Afirmações

Eu agora liberto-me do meu passado e estou disposto(a) a acreditar que posso confiar nas pessoas.

Eu atraio pessoas de confiança e honestas para a minha vida.

Meu negócio atrai pessoas confiáveis e honestas.

História da Rachel – Eu devo atender às necessidades dos outros primeiro

Rachel estava querendo abrir o seu próprio negócio já fazia algum tempo, mas sempre havia algo no caminho. Ela sentia-se frustrada. Quando começamos ir mais a fundo, as coisas que estavam no caminho eram seus planos com o seu marido.

Rachel estava perenemente esperando para que certos planos se realizassem primeiro, para que ela pudesse 'seguir adiante' com o seu negócio – esperando trocar de apartamento, porque seu marido não estava feliz onde eles estavam morando, esperando pelo seu marido se organizar no apartamento novo, esperando até que seu marido se acostumasse com o trabalho novo, esperando até que fizessem a viagem ao exterior que ele tanto queria e esperando até que seu marido concordasse com os seus planos.

Rachel estava colocando o seu casamento à frente do seu propósito. Muitas mulheres fazem isso, mas curiosamente, poucos homens fazem o mesmo! Eu sugeri à Rachel que ela ainda estava acreditando que *"Uma boa mulher atende às necessidades dos outros primeiro."*

Expliquei a ela que a não ser que ela começasse a colocar a si mesma e seu propósito em primeiro lugar, seria improvável seguir adiante em seu negócio.

É claro que os relacionamentos primários de uma pessoa devem ter uma prioridade alta, mas não às custas de si mesmo ou de seu propósito.

Afirmações

É seguro ser fiel a mim mesmo(a) e ao meu propósito.

É meu direito Divino colocar a mim mesmo(a) e meu propósito em primeiro lugar.

Quando sou fiel a mim mesmo(a), eu sou fiel a todos aqueles à minha volta.

História da Elle – Estou destinada a fracassar

Elle queria abrir uma empresa prestadora de serviços de buffet, mas sentiu-se paralisada quando chegou a hora de tomar as medidas necessárias. Ela me revelou que há dez anos, ela e o marido abriram uma empresa juntos, mas o negócio não foi para a frente. Eles tiveram que declarar falência e o relacionamento deles acabou também. Ao conversar, percebi que Elle estava presa a um sentimento profundo de fracasso e vergonha pelo "erro" cometido no passado.

Eu realmente acredito que não existem erros, apenas lições e compartilhei essa ideia com ela. Contanto que aprendamos as lições provenientes dos nossos erros ou fracassos do passado, então poderemos levar essas valiosas lições conosco para o futuro. Pedi para Elle refletir sobre tudo que tinha aprendido com aquela experiência, e o que faria de diferente, se soubesse o que sabia agora. Pedi para que tratasse de si com compaixão e sem julgamento. Nós não sabemos o que não sabemos! A vida é uma escola pela qual aprendemos lições através das experiências vividas.

Já no final da sessão, sua energia tinha mudado totalmente. Sua postura estava mais aberta, seu rosto mais alegre, eu podia ver literalmente que ela tinha se liberado daquela vibração tóxica de vergonha e fracasso, e a substituído por compaixão por si mesma, entendimento e a disposição de seguir em frente rumo a uma nova aventura.

Afirmações

Eu agora libero todos os traumas relacionados com fracassos e erros do passado.

Eu libero a vergonha que sinto do passado.

Não existem erros, só lições.

Eu aprendo minhas lições do passado com carinho.

Eu me perdoo e a todos envolvidos.

Eu sigo em frente com esperança e otimismo.

História do Brendon – Se as coisas não acontecem do jeito que quero que elas aconteçam, isto significa que sou um fracasso

Brendon era um terapeuta (*life coach*) que criou uma série de workshops. Ele veio me ver desanimado e desapontado porque estava achando muito difícil conseguir um número suficiente de participantes para o seu primeiro workshop. Sabendo que eu promovia workshops, ele estava ansioso para usar meu conhecimento e experiência para descobrir como atrair mais pessoas para o seu evento. Ele me contou sobre os seus sentimentos de fracasso e desalento.

Eu pude entender como ele se sentia e expliquei que, como mencionei no começo desse livro, tive que me libertar da ideia de que os resultados vão cair no seu colo sem que você faça o menor esforço. Se você não está conseguindo o resultado que quer, alguma coisa precisa ser mudada.

Brendon me contou que estava fazendo tudo que podia para conseguir pessoas para participar em seu workshop – fazendo propaganda e posts em redes sociais, ligando para os clientes já existentes e até mesmo distribuindo panfletos. Ele estava certamente abraçando a **Lei Universal da Ação**! Mas ele estava tomando essas medidas na vibração do medo e da falta provenientes do seu sentimento de fracasso, que cria uma energia de desespero. Expliquei a ele que a **Lei Universal do Menor Esforço** – deixar de fazer pressão, forçar ou tentar demais para que algo aconteça. Assim como todas as outras Leis Universais, essa Lei cria a vibração do amor.

Eu sugeri ao Brendon que ele voltasse ao PORQUÊ de ter criado seus workshops inicialmente, e sentir aquele sentimento de paixão e propósito, e conectar-se com a sua missão. Após isso, seu marketing recebeu uma energia completamente diferente. Ele estava simplesmente sendo um mensageiro para informar as pessoas que iriam se beneficiar do seu workshop.

"Não fique preso aos números," eu disse a ele. *"Qualquer que seja o número de participantes que você conseguir, veja isso como perfeito. Dessa maneira, você atrairá mais."*

E isso foi exatamente o que aconteceu. Ele teve quatro pessoas participando do seu primeiro workshop, mas agora, Brendon tem muitos seguidores e cada workshop que ele organiza, o número tem só aumentado.

Afirmações

Eu aceito que as coisas nem sempre acontecerão do meu jeito; elas acontecerão do Seu jeito.

Eu libero a crença de que só porque as coisas não estão acontecendo do meu jeito, significa que sou um fracasso.

Não existe fracasso, somente feedback.

Estou sujeito(a) a vivenciar fracassos no meu caminho rumo ao sucesso.

Cada fracasso é uma experiência de aprendizado.

Tudo o que faço, realizo com amor, propósito e otimismo.

História da Julie – Eu sou MUITO digna, merecedora e importante

Julie era uma recrutadora muito bem-sucedida que trabalhava para uma empresa global de recrutamento, mas que estava cansada de trabalhar para uma organização e sabia que tinha as habilidades e os contatos necessários para trabalhar por conta própria. Ela não esperava, entretanto, que os clientes e o dinheiro não fluiriam tão facilmente no primeiro ano do seu negócio. Compartilhei com ela sobre os sacrifícios financeiros que tive que fazer nos primeiros anos do meu negócio - desde ter meu cabelo cortado e pintado por uma amiga, raramente comer fora e fazer compras em supermercados de descontos. À medida que fui dizendo essas palavras, Julie pareceu sentir muita raiva e ressentimento.

"EU PRECISO das minhas manicures e massagens semanais. E onde fica o meu direito à diversão, se não posso nem sair para jantar com os meus amigos?"

"Julie, a escolha é sua, mas perceba que há um preço a pagar por tudo. É pouco provável que será para sempre, mas pode ser por um tempo."

Assim como para a maioria das pessoas narcisistas, Julie achou muito difícil reconciliar-se com a realidade. Eu só a vi algumas vezes, mas ela acabou voltando para o recrutamento corporativo.

Affirmations

Eu sou digno(a) e merecedor(a) de sucesso.

Eu aceito que há um preço a pagar por tudo.

Eu estou disposto(a) a fazer sacrifícios em curto prazo para receber minhas recompensas em longo prazo.

História da Sarah – Pessoas deveriam fazer o que eu espero que elas façam

Quando conheci a Sarah, ela me pareceu dura e inflexível,

por isso não me surpreendi pelo fato de ela ter vindo me ver, pois tinha dificuldade de manter funcionários na sua loja de coisas para cozinha. Com o decorrer da conversa, ficou bem aparente que todos os seus relacionamentos eram difíceis - ela raramente conversava com seus filhos, que já eram mais velhos e outras pessoas da família. Sarah tinha expectativas muito altas das pessoas e poucos limites impostos. Sua necessidade de controlar as pessoas as tinha afastado dela. Sugeri a ela que, uma vez que ela tivesse feito a introdução inicial do trabalho a seus funcionários, que era preciso se distanciar e deixá-los ter um senso de apropriação por seus papéis dentro da empresa. Micro gerenciamento, pode fazer um funcionário sentir-se sufocado e ter suas habilidades naturais e fluxo de criatividade bloqueados.

A Sarah me contou várias histórias de como e quando ela relaxou um pouco, e seus funcionários cometeram erros ou a desapontaram. Sugeri que em ocasiões desse tipo, ela poderia comunicar com aquela pessoa e corrigir o erro, mas que não havia necessidade de controlar e monitorá-la constantemente.

A crença de que as pessoas deveriam fazer o que esperamos que elas façam e a decorrente necessidade de controlá-las não permitirá o negócio crescer. Isso vem de uma incapacidade muito profunda de confiar nos outros e na vida. Esse padrão da Sarah provavelmente começou quando ela era bem jovem e não será liberado facilmente, mas conseguimos um começo.

Afirmações

Eu liberto-me da necessidade de controlar as pessoas.

Eu permito que as outras pessoas tenham a chance de brilhar do seu próprio jeito.

Eu gerencio, mas agora não controlo mais.

Eu vejo e aprecio os talentos e habilidades de todos à minha volta.

Eu escolho confiar nas pessoas.

Eu escolho confiar na vida.

Insegurança e Autoconfiança

É inevitável que em alguns momentos você duvidará de si mesmo(a). Sentir-se inseguro(a) em relação às suas próprias habilidades e ações faz realmente parte da jornada, mas a nossa insegurança só está tentando nos proteger. Quando as dúvidas aparecerem, reconheça-as. Não tente se livrar delas, elas são parte de você.

Quando você começa, há muita coisa que você não sabe – não tem como você saber! Você aprenderá com o tempo. Cometerá erros, talvez já até os tenha cometido, mas erros são parte do processo. À medida que aprende com cada erro, você carrega a lição com você para o futuro. Liberte-se da necessidade de ser perfeito(a) e de acertar tudo. Isso vai lhe restringir. Seja gentil consigo mesmo(a), pois você está em uma jornada para o desconhecido. O desconhecido pode parecer assustador, mas é também um campo de infinitas possibilidades.

Talvez tenhamos inseguranças, mas também temos autoconfiança, a parte de nós mesmos que está disposta a aprender com os próprios erros, que nos encoraja e que nunca desiste. Todo desafio está lhe mostrando algo que precisa ser curado dentro de você.

A insegurança vê os desafios como uma evidência que de alguma maneira não somos bons o suficiente. A autoconfiança vê os desafios como um sinal de que há algo mais para aprender, para ser curado e para auxiliar com o nosso crescimento.

Perdão

Perdoar quem nos machucou, traiu ou desapontou no passado vai assegurar que sejamos livres para nos tornarmos a melhor versão de nós mesmos. **A Lei Universal do Perdão** diz que liberamos energia de dentro de nós mesmos quando perdoamos. Não perdoar bloqueará o seu chacra do coração, bloqueará amor e tudo que for para o seu bem de vir por completo até você. Deixe-me definir o que é o perdão:

Perdão não é aceitar o comportamento da outra pessoa, mas sim a aceitação do que aconteceu e de quem a pessoa é. Perdão não necessariamente significa continuar a ter um relacionamento com aquela pessoa ou mesmo manter contato.

Tem a ver com conscientemente livrar-se do ressentimento e de outras emoções tóxicas no qual você está se prendendo e que estão somente causando danos a você mesmo(a), e não à outra pessoa. Tem a ver com deixar ir o seu orgulho, para encontrar paz e optar por perdoar para o nosso próprio benefício, e não para o benefício dos outros.

Perdoar-se pelos erros do passado é importante também. Se não nos perdoarmos, inconscientemente ficaremos nos punindo e com isso, nos autossabotando. Tudo que escolhemos fazer no passado, o fizemos com o conhecimento e entendimento que tínhamos na época, logo, cada erro do passado era inevitável! Tínhamos que cometer aqueles erros para que pudéssemos aprender e crescer.

Autoaceitação

A chave para ser verdadeiramente bem-sucedido(a) é aceitar-se exatamente da maneira que você é. Todos nós temos defeitos. Todos nós temos feridas do nosso passado. Ninguém de nós é perfeito. A autoaceitação é amor-próprio! É sobre aceitar e libertar-se da vergonha de ser quem somos. Quando fazemos as pazes com o nosso passado e o aceitamos, nós fazemos as pazes com nós mesmos agora. Não temos que ser perfeitos, só precisamos de estarmos dispostos a crescer.

"Muitas pessoas dão muito mais valor ao que elas não são e desvalorizam o que são."

Malcolm S. Forbes

Elaborando Seu Plano de Negócios Espiritual

Exercício 8 – Escrevendo sobre seus pensamentos, experiências e observações

Marque ou circule qualquer crença limitante que se pareça com as suass

- Eu não sou bom/boa o suficiente.
- Eu não sou digno(a) ou merecedor(a).
- Eu não sou capaz.
- Eu não consigo – Sou burro(a) / Não sou criativo(a).
- Sou inferior / Não sou importante.
- Ninguém me ama, ninguém me quer.
- As pessoas vão me trair ou me desapontar.
- Eu devo atender às necessidades dos outros primeiro.
- Eu nunca faço nada direito.
- Se as coisas não acontecem do jeito que quero que elas aconteçam, isso significa que sou um fracasso.
- Sou MUITO digno(a), merecedor(a) e importante.
- As pessoas devem fazer o que espero que elas façam.

Para cada crença que você tiver marcado, escreva a primeira ou a pior memória que criou essa crença ou que foi manifestada por causa dela (ou escreva quantas memórias desejar).

Retome às afirmações de cura oferecidas nesse capítulo para cada crença limitadora que você tiver, e comprometa-se a afirmá-las no começo e no final do dia todos os dias pelas próximas seis semanas. As afirmações também estão no final deste livro.

Exercício 9 – Perdão

Anotações no Diário - Escreva uma lista de todas as pessoas que você precisa perdoar.

Faça o exercício em seguida para cada pessoa que você precisa perdoar.

Visualize a pessoa diante de você. Peça a ele ou ela para lhe mostrar o que aconteceu no passado deles que os fizeram machucar você dessa maneira.

Depois disso diga para a pessoa: "Estou disposto(a) a perdoá-lo(a)."

Faça algumas respirações profundas de purificação. Ao inspirar, inspire uma luz branca de cura, e ao expirar, conscientemente libere qualquer ressentimento, raiva, tristeza e impotência. Preste atenção na dor que surge à medida que você conscientemente a deixa ir.

Visualize-se a partir desta ferida do passado e imagine uma luz branca de cura brilhando através de você mais jovem, o(a) purificando de traumas e dores do passado.

Exercício 10 – Perdoar-se

Anotações no Diário - Escreva uma lista de todas as coisas que você precisa se perdoar.

De que maneira o seu lado autoconfiante escolheria olhar para esses erros do passado?

Faça o exercício a seguir.

Imagine seu Eu Superior atrás de você, olhando para você com o mais puro amor incondicional. Seu Eu Superior é a sua parte que está conectada com a Fonte Divina e que sabe que a vida é uma escola e que você está aqui para aprender. Seu Eu Superior coloca as mãos sobre os seus ombros, e o(a) preenche com uma luz branca de cura. Respire fundo e inspire essa luz, e ao expirar, expire culpa, vergonha, auto aversão e todas as emoções tóxicas que não lhe servem mais.

Agora conecte-se com seu coração, o seu centro de amor, compaixão e perdão. Diga a si mesmo(a) "Eu estou disposto(a) a me perdoar." Conecte-se com um sentimento de paz e compaixão por si mesmo(a).

Exercício 11 – Uma Oração para o Amor Próprio

Fique parado(a) e permita-se sentir quieto(a) e calmo(a).

Faça a seguinte oração para o Universo:

Entrego a Você quem sou.
Entrego a Você todas as crenças que me limitam.
Entrego a Você minhas feridas e minhas vergonhas.
Entrego a Você tudo que não é amor em mim.
Que eu seja preenchido(a) com a Luz Divina
E que eu saiba a Verdade de quem realmente sou.
Obrigado(a).

Capítulo 5
Transforme o seu relacionamento com o Dinheiro

O que você acredita sobre dinheiro expandirá ou limitará a sua renda

Todos nós temos um relacionamento com dinheiro, e se você tem um negócio, precisa assegurar-se de que seja uma relação saudável e funcional. Dinheiro é simplesmente uma energia de troca, e é a mais efetiva forma de troca que já tivemos, porque quando recebemos dinheiro por nossos produtos e serviços, podemos trocar aquele dinheiro por qualquer coisa que quisermos. E mesmo assim, muitos de nós tem uma relação desconfortável com o dinheiro, em especial as mulheres. Dinheiro não é o problema. O nosso relacionamento com ele é que pode se tornar um problema – gostar demais de dinheiro (avareza) ou gostar de menos (rejeição) é o problema. Podemos projetar inúmeras crenças limitantes no dinheiro. Essas crenças vêm da nossa família de origem, e atrás dessas crenças de família está a história dos nossos ancestrais.

A Lei Universal da Crença diz que podemos criar qualquer coisa em que acreditarmos, então se você acredita que dinheiro é duro de conseguir, você terá essa experiência. Eu gostaria de compartilhar com você as crenças limitantes envolvendo dinheiro mais comuns que a maioria das pessoas têm. Na lista de crenças abaixo, eu uso a palavra "rico" para descrever um estado onde todas as suas necessidades e desejos são realizados.

- Pessoas do bem não falam sobre dinheiro.
- Dinheiro não dá em árvore (ou nunca há dinheiro suficiente).
- Só existe uma quantidade limitada de dinheiro para todos.
- É preciso trabalhar duro para ganhar dinheiro.
- Você não pode fazer o que ama E ganhar dinheiro.
- É errado cobrar/receber dinheiro das pessoas.
- Dinheiro é a raiz de todo mal.
- É uma virtude ser pobre.
- Ser rico não é uma coisa boa.
- Pessoas ricas são pessoas más.
- Riqueza não combina com espiritualidade.
- Ser rico é ser ganancioso.
- É errado focar em dinheiro.

- Se você focar no dinheiro, é porque você não se importa com as pessoas.
- Isso é SÓ dinheiro.

Essas crenças geram escassez e limitação, e muitas delas criam um profundo senso de vergonha na nossa relação com o dinheiro.

Acordando para a minha velha história sobre dinheiro

Quando comecei a examinar o meu relacionamento com o dinheiro, percebi que estava tomada por várias dessas crenças. Algumas delas eu nem conseguia identificar exatamente porque eu acreditava no que acreditava, mas descobri que elas estavam profundamente gravadas na minha psique e tinham sido passadas para mim de geração em geração, que eram um conglomerado de velhos traumas ancestrais. Por causa de uma das minhas crenças, a de que "pessoas do bem não falam sobre dinheiro", nunca existiram conversas sobre dinheiro dentro da minha família, exceto em algumas ocasiões meio estranhas. Por esta razão, nunca houve nenhuma oportunidade de cura para a minha relação com o dinheiro, até que abri o meu próprio negócio. Foi aí, que o meu relacionamento disfuncional com o dinheiro se tornou realmente evidente.

A verdade sobre dinheiro e abundância

Antes de lhe contar algumas histórias relacionadas a dinheiro para demonstrar como cada crença limitante pode se desenvolver, quero compartilhar com você a verdade sobre o dinheiro.

Existe um fluxo de abundância sem fim. Basta olhar para a abundância presente na natureza – flores, frutos e vegetais. Observe como as coisas crescem.

Abundância é seu direito divino. A terra proverá para você, em qualquer circunstância que a sua vida esteja, seja agora ou no futuro. Confiar em um Universo cheio de amor é imperativo se você quiser ser abundante.

O Universo quer que você seja rico(a). É a mente do seu ego desconectada que não acredita nisso. Ser abundante financeiramente faz parte de viver o seu potencial máximo aqui na Terra.

Dinheiro flui para as pessoas que podem atender às necessidades ou resolver problemas de outras pessoas. Quando usamos as nossas aptidões, talentos e habilidades para ajudar os outros, seremos financeiramente recompensados por isso.

É divinamente correto receber dinheiro por produtos e serviços. Quando recebemos dinheiro por nossos produtos e serviços, não deixamos ninguém nos devendo e com isso não criamos um vínculo de Karma negativo.

A vibração (sentimento) de abundância cria abundância. Você não pode criar abundância a partir da vibração (sentimento) de escassez. Visualizar/imaginar uma vida abundante até que você esteja sentindo como se isso já estivesse acontecendo, atrairá mais dinheiro para você.

Dinheiro é uma energia que precisa fluir. Se você quiser atrair mais dinheiro, você deve estar disposto(a) a gastá-lo – por isso o chamamos de "moeda corrente".

Quando tratamos dinheiro com respeito, atrairemos mais dele. Como qualquer outra coisa, dinheiro precisa ser respeitado. Se o desperdiçarmos com coisas desnecessárias, que não são para o nosso bem maior ou se gastarmos dinheiro com coisas destrutivas, a fonte secará. Se o gastarmos com coisas para o nosso bem maior, a fonte continuará fluindo e expandindo.

Ser desnecessariamente mesquinho(a) com dinheiro diminuirá a sua abundância. Existe uma diferença entre respeitar dinheiro e ser mesquinho(a) com dinheiro. **A Lei Universal de Dar e Receber** requer que o dinheiro seja colocado em circulação.

Quanto mais conhecimento você tem sobre dinheiro, mais favorável você se sentirá em relação a ele. Muitas pessoas sentem-se envergonhadas pois não têm "conhecimentos financeiros". O mundo dos governantes, bancos e finanças têm tornado muito difícil para muitos entenderem os jargões das áreas de investimentos, leis de impostos ou coisas semelhantes, mas entender de finanças não é realmente difícil. Conhecimento é poder. Quanto mais disposto(a) você estiver a entender o mundo do dinheiro, mais empoderado(a) e com vontade de ser rico(a) você se tornará.

Qualquer coisa que você oferecer com dádiva, retornará para você multiplicado. Doe 10 por cento da sua renda para uma boa causa (ou qualquer quantia você puder no momento), e sua abundância aumentará.

Ao guardar 10 por cento da sua renda só para você, sua abundância aumentará. Quando você faz um pé de meia para si mesmo(a), você se sente abundante, e o sentimento de abundância atrai mais abundância para você. O velho ditado "Os ricos ficam mais ricos e os pobres mais pobres" é baseado nesse conceito.

Quando você paga as suas contas com alegria, o dinheiro retornará para você. Nunca sinta ressentimento pelas contas ou impostos que você tem que pagar. Responsabilidades financeiras são parte do acordo para viver aqui na terra. Seja agradecido(a) por ter dinheiro para pagar suas contas. Ressentimento bloqueia o fluxo de dinheiro de retornar para você.

Abundância vem do Universo. O Universo é a fonte de toda a abundância. Seu trabalho, investimentos, marido/esposa ou qualquer outra forma de dinheiro que venha para você é simplesmente um canal, mas não a Fonte. Você pode pedir para o Universo o que você quiser – "*Peça e lhe será dado*" – esteja aberto(a) para TODOS os canais de abundância (até para os que você não sabe que existem ainda!)

No plano espiritual, não existe tal coisa como perda. A energia transmuta, mas nunca desaparece. Se você passar por uma perda financeira, lembre-se de que não há perda e declare: *"Eu dou as boas-vindas para minha Compensação Divina no tempo perfeito e divino"*. Essa é a **Lei Universal da Compensação Divina**.

Você é um campo de energia de potencial ilimitado. Mesmo que as suas circunstâncias parecerem estar limitadas em como você conseguirá obter mais dinheiro, oportunidades lhe serão apresentadas se você se mantiver presente e aberto(a), e se prender firmemente à visão da abundância. Essa é a **Lei Universal da Abundância**. Você tem dentro de si tudo que precisa para criar seu próprio paraíso aqui na terra. Não há necessidade de esperar pela oportunidade "ideal" ou "perfeita" – qualquer oportunidade que pareça certa é boa o suficiente. Às vezes, essa oportunidade o(a) levará até outra oportunidade e até outra. Siga o seu instinto!

O caminho intuitivo é o caminho para a sua abundância. O caminho do *"você deveria"*, dos conselhos de pessoas que você não respeita ou que estão vivendo uma vida de escassez e infelicidade não é o caminho que criará abundância.

Gratidão é a vibração mais poderosa que existe para atrair dinheiro e abundância. Toda vez que você recebe dinheiro, faça uma oração de agradecimento. **A Lei Universal da Gratidão** diz que sempre que somos agradecidos, as coisas pelo que somos agradecidos expandirão. Se, entretanto, você receber dinheiro e pensar "Só isso?" você criará uma vibração de escassez e atrairá mais escassez ainda.

Dinheiro é só um aspecto da abundância. Se você não tem muito dinheiro no momento, agradeça e mostre apreciação por tudo que é bom na sua vida.

Você é digno(a) e merecedor(a) de milagres. Se você precisar de dinheiro, conecte-se com o Universo e peça por um milagre. Tenha fé absoluta de que a questão será resolvida da maneira mais perfeita, deixe ir e confie.

Quando comecei a entender as Leis Universais, eu consegui criar uma relação de amor com o dinheiro e transcender aquela velha e negativa programação que eu tinha em relação ao dinheiro. Agora, deixe-me compartilhar com você algumas histórias de como crenças negativas sobre dinheiro podem se apresentar.

Minha história - Pessoas boas não conversam sobre dinheiro

Foi em 1970, eu estava na segunda série quando um colega de classe foi na frente da sala para contar uma novidade e anunciou todo animado que o seu pai tinha recebido um aumento de salário e que agora estava ganhando $100 por semana (isso foi em 1970!). A classe inteira ficou impressionada. Aquela noite na mesa de jantar com a minha família, eu contei bem empolgada para os meus pais sobre o pai do meu colega de sala ter recebido um aumento de salário e perguntei de curiosidade:

"Pai, quanto o senhor ganha por semana?"

Naquele momento, não se podia ouvir um alfinete cair.

"Nicky," disse minha mãe em um tom de voz bem frio *"É muito rude conversar sobre dinheiro e NUNCA pergunte a ninguém quanto eles ganham."*

Fiquei vermelha de vergonha. Essa mensagem foi ouvida de maneira alta e clara, e eu nunca mais falei sobre aquele assunto. Eu carreguei essa mensagem comigo até a minha fase adulta, e me sentiria muito desconfortável cada vez que alguém falasse comigo sobre dinheiro. Quando aplicava para empregos, eu sempre deixava para o empregador falar quando chegava na parte do salário. Quando me casei, eu me sentia constrangida quando vinham as discussões sobre finanças. Antes de começar meu próprio negócio, dediquei muito do meu tempo pintando. Pessoas ofereciam para comprar minhas pinturas, eu sentia meu corpo contrair-se todo de tão sem graça que ficava. Falar sobre dinheiro e negociar um preço era o mesmo que arrancar um dente, e eu sabotava todas essas oportunidades para não ter que discutir sobre "dinheiro".

Afirmações

Eu agora liberto-me do passado e sei que é seguro falar sobre dinheiro.

Eu deixo ir toda vergonha em relação a conversar sobre dinheiro.

Dinheiro é simplesmente uma energia de troca.

Minha História - Dinheiro não dá em árvore (ou nunca há dinheiro suficiente)

A frase "não temos dinheiro para isso" foi dita regularmente na minha família. Lembro-me da minha irmã dizendo o quanto gostava de comer salmão enlatado em seus sanduíches que levava para a escola e minha mãe dizendo "Você não pode levar isso de lanche todos os dias. Não temos dinheiro para isso!"

Quando tinha sete anos de idade e me perguntaram o que queria ganhar de Natal, falei para minha mãe de uma boneca bailarina linda que tinha visto na televisão. Alguns dias depois, ela voltou para casa depois de ter ido a uma loja de departamentos e me disse *"Você não vai ganhar aquela boneca. É muito cara. Não temos dinheiro para isso."*

E me lembro como se fosse ontem, o jeito que me sentia cada vez que ouvia aquelas palavras – pequena, desmerecedora, constrangida e envergonhada. Eu aprendi bem rápido que era melhor não pedir nada do que ter que ouvir aquelas palavras.

Parecia que nunca havia dinheiro suficiente na minha família, mas não era culpa dos meus pais. Eles cresceram na época da Grande Depressão e durante os anos da guerra, viveram na escassez assim como a maioria das pessoas daquela época. Estava profundamente gravado em suas psiques. Meus antepassados, tanto por parte de pai e como de mãe, foram os primeiros colonos que na verdade eram "refugiados econômicos" fugindo da fome na Irlanda ou da miséria no Reino Unido. Mesmo que eventualmente meus pais conseguiram se dar bem financeiramente (ambos trabalhavam em tempo integral), viver no modo de sobrevivência e com medo de não ter dinheiro suficiente nunca saíram de seus pensamentos. "Não ter/ser suficiente" era uma crença profundamente enraizada.

Afirmações

Eu agora liberto-me do passado e sei que sempre há o suficiente.

Sempre existiu dinheiro suficiente e sempre existirá.

Eu sempre tenho dinheiro suficiente para qualquer coisa que seja para o meu bem maior.

Dinheiro flui para mim sem esforço algum e facilmente.

Abundância é meu direito Divino.

História do Ollie – Só existe uma quantidade limitada de dinheiro para todos & É errado receber dinheiro das pessoas

Ollie tinha uma pequena empresa de informática e era especializado em consertar computadores e telefones. Ele me disse que se sentia culpado todas às vezes que cobrava de um cliente, pois acreditava que estava diminuindo a riqueza deles ao receber cada pagamento por seus serviços. Ele também ficava ressentido quando pagava seus impostos todo trimestre, acreditando que o Imposto de Renda estava também diminuindo a sua riqueza.

"Ollie, você não está diminuindo a riqueza dos seus clientes. Você está criando uma troca justa – eles recebem seus computadores de volta já consertados e funcionando, e você recebe o dinheiro para viver. Muitos dos seus clientes trabalham por conta própria, logo seus computadores ou telefones são peças-chave para que eles possam construir as suas próprias riquezas, então na verdade, você também está criando riqueza para eles. E em relação ao Imposto de Renda, tenho certeza de que você já ouviu o velho ditado de que somente duas coisas são certas nessa vida – a morte e os impostos. Aceite que impostos são parte da sua vida e do mundo em que você vive. Quando você paga seus impostos você está contribuindo para o todo. Pague seus impostos com alegria e o dinheiro voltará para você."

Muitas pessoas têm essa ideia fixa de que existe somente uma certa quantia disponível para qualquer pessoa, e quando eles recebem dinheiro de alguém, de alguma maneira estão diminuindo a riqueza daquela pessoa, mas esse não é o caso. Abundância está sempre em fluxo. Ao ajudar alguém, de alguma forma ou outra você adicionará à riqueza dessa pessoa. Seja vendendo comida a alguém, cortando seus cabelos, aparando sua grama ou qualquer outra coisa. O Universo trabalha na base da troca e existe abundância infinita disponível para todos nós. O que estamos realmente fazendo é circulando essa coisa maravilhosa chamada dinheiro!

Afirmações

Quando eu recebo, eu também dou.

Quando eu dou, eu também recebo.

Existe um fluxo infinito de abundância disponível para todos.

Minha História - Você tem que trabalhar duro para fazer dinheiro

Minha família tinha uma doutrina de trabalho muito forte e ambos os meus pais sempre trabalharam muito duro; meu pai era encarregado eletricista e minha mãe enfermeira e parteira. Sempre fomos encorajados a trabalhar muito também, e os meus primeiros 45 anos de vida foram de trabalho árduo. Assim que me despertei espiritualmente, ficou muito mais evidente para mim que eu estava aqui para viver uma vida maravilhosa, e eu sabia que essa vida maravilhosa não iria ser criada através de longas horas de trabalho e com a minha exaustão. Sim, eu queria trabalhar, mas também queria aproveitar cada aspecto da minha vida. Quando decidi abrir o meu próprio negócio ajudando com a cura dos meus clientes, inicialmente me senti culpada recebendo dinheiro das pessoas, porque o trabalho que estava fazendo me deixava realizada e era prazeroso. Lá no fundo, eu ainda estava com aquelas velhas crenças de privação, sacrifício e sofrimento programadas na minha mente. Tudo parecia ser fácil demais!

Afirmações

Eu sou digno(a) de trabalhar com o que amo fazer.

Dinheiro vem para mim facilmente e sem esforço à medida que libero minhas velhas crenças.

Trabalho e dinheiro são trocados com amor.

História da Sandi – Você não pode trabalhar com o que ama e ganhar muito dinheiro

Sandi era consultora corporativa e tinha perdido o gosto pelo mundo corporativo. Sua paixão era cerâmica e ela passava grande parte do seu tempo livre na roda de oleiro e tinha começado a vender suas criações nas feiras nos finais de semana.

"*Eu adoraria poder fazer isso em tempo integral, mas isso nunca pagaria todas as minhas contas.*"

Sugeri que atrás daquela declaração estaria a crença de que ela não poderia trabalhar com o que amasse e ser bem paga por isso.

"*Você está certa! A única razão de ter me tornado uma consultora foi porque minhas notas na escola eram muito boas e meus pais me encorajaram a estudar contabilidade, pois ganharia muito dinheiro.*"

"*Como você se sente em relação à ideia de que poderia fazer o mesmo dinheiro fazendo algo que você ama ao invés de algo que você não ama? Isto é, eventualmente."*

"Preciso pensar sobre isso," disse Sandi, mas ela estava sorrindo.

Sandi pensou sobre aquela ideia de que poderia de verdade fazer um bom dinheiro fazendo o que amava, e a partir daquele pensamento de possibilidade, uma ideia veio. Ela alugou um lugar onde poderia fazer suas cerâmicas, mas também ensinar cerâmica para crianças. Dessa maneira ela criou duas fontes de renda. Pouco depois, os pais das crianças começaram a perguntar se ela poderia dar aulas para eles também. Trabalhar como consultora corporativa não faz mais parte da sua vida.

Afirmações

Eu sou digno(a) de trabalhar com o que amo e fazer um bom dinheiro com isso.

Eu me permito ser rico(a) e feliz.

História da Isobel – Dinheiro é a raiz do mal. É de grande virtude ser pobre. Não é uma coisa boa ser rico. Pessoas ricas são pessoas más. Não é espiritual ser rico. Ser rico é ser ganancioso

Isobel era uma curadora cuja atitude em relação a dinheiro era típica de muitas mulheres que já conheci, particularmente as curadoras. Por baixo de todas as suas crenças em relação a dinheiro havia a ideia de que dinheiro era uma coisa do mal e até mesmo sujo. Eu disse a Isobel que não conseguia ver nada de mal em dinheiro; que era puramente uma fonte de troca.

"Jesus Cristo não cobrava pelas suas curas," disse Isobel.

"Sim Isobel, e você não é Jesus Cristo!"

Felizmente, ela riu da minha resposta. Sugeri que ela fizesse alguns exercícios comigo para explorarmos suas crenças sobre dinheiro e de onde vieram (esses exercícios estão descritos no final deste capítulo).

Eu então expliquei a ela que muitas das nossas crenças limitantes sobre dinheiro vêm das nossas famílias, e consequentemente de nossos ancestrais. Não precisamos voltar assim tão longe ao passado para entender o porquê de possivelmente termos essas crenças. Nosso DNA contém a história dos nossos ancestrais, logo, muitos de nós temos impressões de pobreza, miséria, fome, escravidão e baixa autoestima.

Até a época da Revolução Industrial, muitos ricos ERAM considerados pessoas do mal, tirando vantagem dos pobres para o seu próprio ganho. Eles eram realmente gananciosos, por isso as crenças de que 'ser rico é ser ganancioso' e que 'pessoas ricas são más' são baseadas na nossa história ancestral. Muitas religiões encorajavam sacrifício e pobreza como uma virtude e pessoas faziam votos de pobreza quando entravam para alguma religião. Sacrifício e caridade eram encorajados pela maioria das religiões, daí a crença de que 'não é espiritual aceitar dinheiro de ninguém'.

Mulheres são mais predispostas a essas crenças do que homens, porque por séculos, mulheres casadas não podiam ter ou herdar nenhuma propriedade. Essas leis não foram extintas até 1862 nos Estados Unidos e até 1870 no Reino Unido. Muitos de nós ainda carregamos energeticamente essas impressões de fragilização em relação a dinheiro. A maioria das mulheres foram desencorajadas ou mesmo proibidas de abrir seu próprio negócio. Mesmo até 40 anos atrás, mulheres de classe média não eram permitidas a lidar com dinheiro, e ter um emprego era sinal de estar em desespero financeiro.

Ao final da nossa sessão, a cabeça da Isobel estava girando.

"Eu nunca tinha percebido quanta limitação existia dentro de mim em relação a dinheiro! Eu realmente acreditava que tinha bons ideais, mas agora eu os vejo por uma perspectiva completamente diferente."

"Você se sente merecedora de ser rica?" perguntei a ela.

"Estou começando a chegar à conclusão de que sou digna de muito mais do que estou me permitindo nesse momento."

"Quem melhor para fazer um bom dinheiro do que você? Você está curando as pessoas. Está fazendo uma diferença positiva na

vida delas. E estou certa de que você fará bom uso desse dinheiro e fazer do mundo um lugar melhor com isso."

Affirmations

Dinheiro pode proporcionar tudo que é bom.

É virtuoso ser abundante.

É espiritual ser rico(a).

É maravilhoso ser rico(a).

Eu posso contribuir para um mundo melhor quando tenho dinheiro.

História da Pam – É errado focar em dinheiro. Não é OK conversar sobre dinheiro. Se você é focado em dinheiro é porque não se importa com as pessoas

Pam era professora de meditação, tinha feito muito pouco dinheiro com seu negócio, estava pensando em fechar sua loja e voltar ao seu antigo emprego. Eu podia ver o porquê de ela estar passando por dificuldade financeira. Ela falou sobre o seu negócio como se fosse uma causa ou uma caridade. Ao invés de cobrar uma taxa pré-determinada por suas aulas, Pam sugeriu que os participantes fizessem uma doação. As doações que estava recebendo eram pequenas e certamente não estavam gerando renda suficiente para que ela pudesse viver daquilo. Ela achava difícil estabelecer uma taxa, porque sentia-se desconfortável ao falar sobre dinheiro.

"Idealmente, quanto você gostaria de estar ganhando todo mês?" perguntei a ela.

Pam parecia desconfortável. *"Bem, mais do que ganho agora."*

Eu disse a Pam que notei que ela parecia constrangida.

"Sim, eu não gosto de falar sobre dinheiro. Para mim não parece certo." Pam era uns dez anos mais velha que eu, então entendi que como eu, ela deveria ter crescido em uma família onde não era OK falar sobre dinheiro.

Expliquei a ela sobre A **Lei Universal de Dar e Receber** e sobre como o Universo trabalha através da troca. Se uma troca efetiva não estava acontecendo, seu negócio teria poucas chances de fluir. Pessoas que dão demais, atraem pessoas que tomam demais. Muitas mulheres são ótimas em dar, mas sentem-se desconfortáveis em receber.

"Pam, você acredita que se estiver focando mais em fazer dinheiro, você não estará se importando com seus clientes?"

"Sim."

"Isso é só uma crença. E essa crença está atraindo pessoas que estão felizes em tomar, mas não em dar muito em troca como retorno. Quando você acredita em uma troca justa de energia, você atrai para você aqueles que também acreditam em uma troca justa de energia."

A Pam refletiu sobre aquela declaração, mas não disse mais nada. Percebi que ela não estava pronta ou disposta a aprofundar mais nas suas crenças, então paramos por ali.

Afirmações

É meu direito Divino focar em meu propósito e em dinheiro.

É seguro falar sobre dinheiro.

Eu posso focar em dinheiro e me importar com as pessoas.

História do Jamie – Isso é SÓ dinheiro

Apesar de ter muito sucesso como empreiteiro de obras, Jamie tinha poucos resultados para mostrar.

"Eu sei que a essa altura eu já deveria ter conquistado muitas coisas na vida," disse Jamie que já tinha feito um bom dinheiro através do seu negócio nos últimos oito anos, *"mas parece que nunca vou para frente."*

"Com o que você geralmente gasta seu dinheiro?" perguntei a ele.

Dei a ele papel e caneta e pedi para que escrevesse uma lista com tudo que tinha gastado seu dinheiro no mês passado.

Ao conferir a lista, ficou bem claro que ele não estava dando muito valor ou respeitando seu dinheiro; na verdade parecia que ele estava fazendo de tudo para se livrar do seu próprio dinheiro o mais rápido possível todo mês!

Ele me contou sobre sua infância e como cresceu em uma família de seis crianças. Seu pai era ajudante de obras. Em algumas semanas fazia um bom dinheiro e em outras não. Sua família não tinha nenhum dinheiro guardado. Eles viviam uma semana após a outra. Quando havia dinheiro, eles gastavam tudo e "viviam a vida como se não houvesse amanhã."

A vida dele ou era um banquete ou era passar fome. *"Bem, isso é só dinheiro,"* diria a sua mãe. Sugeri ao Jamie que, assim como muitas outras pessoas, ele não tinha sido ensinado como administrar seu dinheiro efetivamente ou como tratá-lo com respeito. Isso não era culpa dos seus pais; eles vinham inconscientemente fazendo o que aprenderam de suas próprias famílias. Jamie suspirou aliviado.

"Obrigado! A sensação que tenho é a de que você me deu permissão para pensar em mim," disse Jamie. Ele pôde ver que esse padrão inconsciente estava sabotando a sua felicidade futura.

Fiz o Jamie pensar no que ele queria a longo prazo e criar algumas metas financeiras. Em seguida, criamos um plano simples para que ele pudesse atingir essas metas.

Afirmações

Eu escolho respeitar e dar valor ao dinheiro que faço.

Eu escolho usar meu dinheiro com sabedoria.

Eu agora não sabotarei mais a minha riqueza.

Eu sou fiel às minhas metas financeiras a longo prazo.

Manifestando sua renda financeira

Qual é a sua renda financeira ideal? É bom ter uma meta a longo prazo e uma a curto prazo. Faça a sua meta a longo prazo do tamanho que você quiser, mas faça a de curto prazo mais realista para começar.

Dessa maneira, você terá maiores chances de manifestá-las do que se criar uma meta que não seja muito palpável. Com isso, você desenvolve o músculo da manifestação de maneira devagar e assertiva. Ao começar a manifestar o que sabe que é atingível, você se abrirá para melhores possibilidades gradativamente. Você não pode correr antes de andar primeiro.

Enquanto é sábio ter um valor definido como meta em mente, não se apegue muito a esse valor. Sobreponha esta meta com uma outra intenção bem simples – manifestar a quantidade de dinheiro necessária todo mês, para que você tenha condições de viver a sua melhor vida.

"Dinheiro é só uma ferramenta. Ele te conduzirá para onde quer que você deseje, mas ele não te substituirá na sua função de motorista."

Ayn Rand

Elaborando Seu Plano de Negócios Espiritual

Exercício 12 – Escrevendo sobre seus pensamentos, experiências e observações

Marque ou circule qualquer crença limitante que se parece com as suas

- Pessoas boas não falam sobre dinheiro.
- Dinheiro não dá em árvore (ou nunca há dinheiro suficiente).
- Só existe uma quantidade limitada de dinheiro para todos.
- É preciso trabalhar duro para ganhar dinheiro.
- Você não pode fazer o que AMA e ganhar dinheiro.
- É errado cobrar/receber dinheiro das pessoas.
- Dinheiro é a raiz de todo mal.
- É uma virtude ser pobre.
- Ser rico não é uma coisa boa.
- Pessoas ricas são pessoas más.
- Riqueza não combina com espiritualidade.
- Ser rico é ser ganancioso.

- É errado focar em dinheiro.
- Se você focar em dinheiro, é porque você não se importa com as pessoas.
- Isso é SÓ dinheiro.

Para cada crença que você tiver marcado, escreva qualquer memória marcante que venha à sua mente onde lhe foi passada essa mensagem (ou escreva quantas memórias desejar, mas não se preocupe se não conseguir lembrar de nenhuma).

Retome às afirmações de cura oferecidas nesse capítulo para cada crença limitadora que você tiver, e comprometa-se a afirmá-las no começo e no final do dia todos os dias pelas próximas seis semanas. As afirmações também estão no final deste livro.

Exercício 13 – Metas Financeiras a Curto prazo e a Longo prazo

Escreva o valor ideal que você gostaria de fazer por mês, AGORA. Crie uma quantia ACREDITÁVEL.

Escreva o valor ideal que você gostaria de fazer por mês, EM CINCO ANOS. Permita-se ir além do que você acha ser possível agora.

Por alguns minutos visualize cada um desses resultados até

você sentir como se eles estivessem acontecendo. Agradeça ao Universo por antecedência.

Exercício 14 – Oração para Abundância Divina

Fique parado(a) e permita-se sentir quieto(a) e calmo(a).

Faça a seguinte oração para o Universo:

Eu entrego a Você o meu desejo de ser abundante.
Eu entrego a Você toda a minha crença na escassez e na limitação.
Eu entrego a Você as minhas velhas crenças limitantes sobre dinheiro.
Que eu seja preenchido(a) pela verdade de que abundância é minha por direito de nascença Divino.
Eu agradeço por antecedência.
Obrigado(a).

Capítulo 6
Transforme o Seu Relacionamento com a Vida

O que você acredita sobre a vida vai expandir ou limitar seu crescimento, sucesso e felicidade

A vida é um assunto de grande importância – ela cobre tudo. Neste capítulo quero compartilhar com você algumas áreas da vida que são peças-chave, pois podem prejudicar ou fortalecer você e seu negócio.

Já conheci muitas pessoas que acreditam que a vida é um sofrimento, pois elas têm um relacionamento ruim com pelo menos uma dessas áreas da vida:

- Tempo
- Entrega
- Gratidão
- Unidade
- Equilíbrio

- Coragem
- Presença e Consciência
- Amor

Muitos de nós possuímos crenças limitantes sobre essas áreas da vida e talvez não tenhamos a menor ideia de que existam.

Tempo

Quantas vezes você já pensou ou disse as palavras "*Eu não tenho tempo suficiente*"? Muitos de nós vivemos em um mundo onde sentimos uma constante falta de tempo, tentando espremer dentro de um único dia tudo que acreditamos ser necessário para vivermos uma vida feliz e abundante, e mesmo assim a falta de tempo acaba sabotando o nosso senso de felicidade e abundância!

As quatro crenças limitantes mais comuns que temos em relação ao tempo são:

- Nunca há tempo suficiente.
- Sempre temos que estar lutando contra o tempo.
- Trabalhar duro é uma maneira boa de usar o tempo.
- Não fazer nada ou aproveitar nosso lazer significa perda de tempo.

E a verdade é que:

- Sempre há tempo suficiente para fazer tudo que é para o nosso bem maior.
- Quando amamos o tempo e somos agradecidos por ele, ele trabalha a nosso favor.
- Quando trabalhamos com amor e inspiração, estamos usando bem o nosso tempo.
- Quando aproveitamos de verdade o nosso tempo longe do trabalho, estamos usando bem o nosso tempo.

Minhas descobertas sobre o tempo

Muitos anos atrás eu me lembro sentindo como se nunca houvesse horas suficientes em um dia. Não importava o quanto eu fizesse, sempre havia mais a fazer. A lista nunca terminava. Eu estava quase sempre de mau-humor. Aí, um dia no trabalho, eu li num calendário uma simples citação que dizia:

"Você nunca terá tempo suficiente para fazer todas as coisas que não precisa fazer."

Aquelas palavras tiveram um impacto em mim. *Todas as coisas que você não precisa fazer!* Aquilo me fez comtemplar todas as coisas que eu estava fazendo que eu não precisava fazer. Me fez pensar nas coisas essenciais; nas coisas que eram realmente importantes e que tinham valor para mim. Me fez pensar sobre PORQUE eu sentia que precisava fazer certas coisas que talvez nem eram mesmo necessárias e PORQUE as estava fazendo. Me fez pensar em simplificar a minha vida.

Isso me fez perceber que estava fazendo aquelas coisas porque achava que deveria fazê-las, ao invés de fazê-las porque realmente queria. Tornei-me consciente do tanto de coisas que estava fazendo para agradar às pessoas, ao invés de fazê-las para me agradar. Também percebi que acreditava que tinha necessidade de me manter ocupada o tempo todo para me assegurar de que tinha um propósito e que era bem-sucedida.

Verdade Número 1: Seu tempo aqui é válido. Use-o para o que realmente importa para você.

Afirmação: *Eu sempre tenho tempo suficiente para o que é verdadeiramente importante para mim.*

Mais tarde na minha vida, tornei-me consciente de outra verdade. O tempo não era o plano estabelecido que a maioria de nós acreditava ser. Comecei a ver como o tempo acelerava quando sentia que tinha pouco tempo disponível, como passava devagar quando não estava estressada ou preocupada com a quantidade de tempo que tinha e que parecia ficar parado quando eu estava completamente absorvida em algo que estava fazendo.

Quando escolhi acreditar que iria ter tempo para fazer algo, me sentia alegre e relaxada, e sempre me seria dado a quantidade perfeita de tempo.

Albert Einstein nos disse:

"Quando você se senta com uma linda garota por duas horas, parece que foram dois minutos; quando você se senta em cima de um fogão quente por dois minutos, parece que foram duas horas. Isso é a relatividade."

Verdade Número 2: O tempo expande ou contrai de acordo com o jeito que estamos nos sentindo.

Afirmação: *O tempo trabalha comigo, e não contra mim.*

Há poucos anos, outra verdade sobre tempo apareceu para mim. Uma manhã três clientes cancelaram suas consultas, uma atrás da outra, o que é bem raro.

Em seguida, recebi uma ligação de um dos meus filhos. Era uma emergência e ele precisava de mim. O Universo estava literalmente administrando meu tempo para mim!

Sempre nos será dado tempo suficiente para o que for para o nosso bem maior; de fato, o Universo nos dará tempo, mesmo que não tivermos pedido, se nós simplesmente confiarmos.

Rabindranath Tagore escreveu:

"A borboleta conta momentos e não meses, e tem tempo de sobra."

Já codificada dentro de você está a sua missão de alma e o tempo levado para ser cumprida, logo não tem muito sentido se preocupar ou se estressar com o tempo.

Verdade Número 3: Você sempre terá tempo suficiente para cumprir a sua missão de alma se escolher viver com propósito.

Afirmação: *O Universo me dá a quantidade perfeita de tempo para realizar a minha missão de alma.*

Nunca se esqueça da **Lei Universal do Tempo**. Desapegue-se e permita o tempo do Universo, ele é sempre perfeito. Essa parte me leva à nossa próxima área da vida.

Entrega

O problema para a maioria das pessoas é que elas não se entregam completamente. De fato, a ideia de entrega é estranha e assustadora para muitas pessoas, e pode ser vista como "desistência ".

Isso não poderia estar mais longe da verdade. Entregar-se não significa desistir; significa render-se.

William Booth, fundador do Exército da Salvação disse:

"A grandeza do poder de um homem é a medida de sua rendição."

O ego é a parte de nós que pensa que está sozinho e que tem que cuidar de tudo, mas o nosso Eu Superior sabe que o Universo é a Inteligência Suprema que orquestra todas as coisas.

Veja as estações do ano, as marés e as leis da natureza.

Essa é a **Lei Universal do Ritmo**. Existe um tempo para todas as coisas sob o Céu se nós apenas nos desprendermos e permitirmos. Quando você traz o conceito da entrega para a sua vida, milagres acontecem.

Você pode entregar o seu dia e tudo que deseja realizar, você pode entregar seus problemas e desafios, suas preocupações e medos, suas esperanças e sonhos, sabendo que essa Inteligência Divina sabe muito mais que você como lidar com tudo isso e manifestar todas as coisas da melhor maneira possível.

História do Brendon – O Poder da Entrega

Brendon, o 'life coach' que lhe apresentei no Capítulo 4, que estava com dificuldades para atrair um número suficiente de pessoas para participar no seu primeiro workshop, estava com certeza usando **A Lei Universal da Ação**, mas ignorando **A Lei Universal da Entrega**. Ao fazer a entrega do resultado, Brendon estaria *cocriando*.

Pedi a ele que renunciasse ao seu medo de fracassar e aos pensamentos receosos do seu ego de se sentir como se 'não fosse bom o suficiente'. Em seguida, pedi para que ele visualizasse seu workshop cheio de pessoas entusiasmadas até sentir como se aquilo estivesse realmente acontecendo, e aí, *entregar* aquela visão para o Universo. Brendon sorriu e pareceu estar em paz.

Ao saber que temos o apoio da Inteligência Suprema,

podemos relaxar. Ao ver e conhecer os milagres que podemos manifestar através dessa Inteligência, confiamos mais arduamente.

Verdade Número 4: Ao nos entregarmos, permitimos que a Suprema Inteligência orquestre.

Afirmação: *Eu me entrego e me desapego, confiando em uma Inteligência superior à minha.*

Gratidão

Nunca subestime o poder da gratidão - o reconhecimento e a apreciação por tudo que temos nesse momento *e por tudo que teremos no futuro*, porque os sentimentos de paz e amor que a gratidão traz, criam a vibração perfeita para atrair mais para você. Essa é **A Lei Universal da Gratidão.**

Por padrão, o ego vai automaticamente voltar ao pensamento de medo e escassez, logo, uma prática de gratidão proativa é essencial para contra-atacar esse tipo de padrão de pensamento condicionado do passado.

Começar e terminar o nosso dia com uma prática de gratidão é uma maneira perfeita para manter-se em uma vibração alta de paz e amor.

História do Brendon – Agradecendo por antecedência

Instruí ao Brendon a completar sua visualização e processo de entrega através do agradecimento pelo melhor resultado possível. Como eu disse no Capítulo 4, Brendon manifestou quatro participantes para o seu primeiro workshop. Pedi para que ele agradecesse ao Universo toda vez que alguém se inscrevesse, ao invés de cair novamente naquele jeito "escasso" de pensar do ego ("E é só isso que há para mim?"). Expliquei a ele que a não ser que sejamos agradecidos pelo que temos no presente momento, nunca seremos agradecidos pelo que teremos no futuro. Os sonhos de alguém só podem crescer a partir de uma única vibração, a da Gratidão.

Brendon me reportou mais tarde que ter quatro participantes no seu primeiro workshop foi bom, pois ele não se sentiu sobrecarregado ou estressado pelas necessidades de várias pessoas. À medida que a sua autoconfiança e conhecimento cresceram, o número de participantes dos seus workshops aumentou também. Ele continuou mantendo a sua prática de gratidão e pôde ver que o Universo estava trabalhando perfeitamente a seu favor desde o começo.

Verdade Número 5: A gratidão cria a vibração perfeita para que todas as coisas floresçam.

Afirmação: *Agradeço por tudo que tenho agora e que terei no futuro.*

Unidade

O ego vê o mundo como dualista:

- Eles e nós

- Você e eu
- Isso ou aquilo
- Para cima ou para baixo
- Esquerda ou direita.

Todavia, além do mundo do ego, tudo é um e nós todos somos um. Portanto **A Lei do Karma (de causa e efeito)** que diz que tudo que fazemos para alguém, fazemos para nós mesmos, pois se você é seu vizinho, seu vizinho é você! Más ações sempre voltarão para nós. O Universo sempre mantém essa pontuação.

A Bíblia nos diz:

"Faça para os outros o que você gostaria que fizessem para você."

Então, se você deseja criar um bom karma para o seu negócio, nunca fale mal ou prejudique ninguém, e tenha boas intenções em relação a todo mundo.

Verdade Número 6: Fale dos outros com amor, faça coisas por eles com amor e coisas boas retornarão a você.

Afirmação: *Eu escolho palavras e ações amorosas para com todos e coisas boas voltam para mim.*

Desapegue-se da crença do velho paradigma sobre competição. Na mente Universal, existem clientes, negócios e dinheiro suficientes para todo mundo. O conceito de competição surge a partir do ego que acredita em escassez.

Quando você mantém o foco em si mesmo(a) e em seu negócio, você não dispersará a sua energia, e nem a colocará em lugares em que não precisa estar. Os negócios dos outros, são problemas deles!

História da Pam – Nunca terei sucesso com toda competição que existe

Vamos voltar ao caso da Pam, a professora de meditação que achava difícil falar sobre dinheiro e cobrar pelos seus serviços. Ela também impôs limites em seu negócio, pois ela ainda acreditava no conceito da competição.

Pedi a ela que fizesse uma pesquisa on-line para ter uma ideia de quanto outras pessoas estavam cobrando por aulas de meditação. Os resultados foram interessantes – alguns professores de meditação estavam cobrando milhares de dólares por cursos de meditação, enquanto outros cobravam $10 ou $20 dólares por aula.

"Tem tanta gente por aí tentando fazer o que estou tentando fazer. Às vezes, acho que estou me iludindo por achar que poderia levar esse negócio adiante."

Sua postura caiu e a palavra 'desespero' estava escrita em seu rosto. Ao invés de usar esse exercício puramente para pesquisar preços, Pam acabou caindo em uma vibração baixa, pois estava olhando para os outros através das lentes da comparação e da competição.

Pedi que ela retornasse seu foco para si mesma e no que achava que estava aqui para fazer, que ao expirar, que deixasse ir aquela velha ideia de que não há negócio suficiente para todo mundo.

"Da minha perspectiva, posso ver que o mundo é a sua ostra,"

Disse a ela. *"O Universo está lhe mostrando que há muitas e variadas maneiras de ensinar meditação e de cobrar por suas aulas."*

Compartilhei com a Pam um ditato que digo muito:

"A comparação é o ladrão da alegria."

Não há muita vantagem em nos compararmos aos outros ou comparar o nosso negócio com o negócio dos outros, porque somos todos únicos. Não existem duas pessoas iguais e nenhum negócio exatamente igual ao outro. Atrairemos para nós, clientes que tenham uma vibração semelhante à nossa. Contei à Pam que no meu bairro havia várias mulheres praticando modalidades de cura semelhantes à minha e que eu desejava o melhor para elas. Raramente eu pegaria uma cliente que tinha sido cliente de uma delas. Eu também disse a ela que no começo do meu negócio, eu ainda estava pensando em termos de comparação e competição, mas percebi que quando pensava daquela maneira, a minha energia ficava dispersa e fraca. O que me fazia sentir bem, com paixão e forte era o trabalho que fazia e a paixão que sentia por aquilo, então eu me concentrava naquilo. Aqueles sentimentos, eu vejo agora, era o que atraía clientes e dinheiro para mim.

Verdade Número 7: Mantenha o foco em você mesmo(a) e no seu propósito, e coisas boas virão ao seu encontro.

Afirmação: *Quando eu amorosamente foco em mim mesmo(a) e em meu propósito, coisas boas vêm para mim.*

Se estamos pensando em termos de comparação e competição, há uma chance maior de sentirmos uma emoção bem desagradável: a inveja.

A inveja vem do ego e do nosso eu ferido que acredita que não há suficiente para todo mundo. Ele pensa *"Se você tem o que eu quero, então eu não posso ter isso também."* Esse é um pensamento incorreto. Na Mente Divina, existe abundância infinita. O que é mais importante, se alguém conquistar algo que você deseja, ele ou ela estão ali simplesmente para lhe mostrar que você pode conquistar aquilo também. Essa pessoa ou negócio não estariam no seu campo de outra maneira. Sabendo disso, podemos desejar o bem para os outros e sermos gratos por estarem nos mandando um sinal de que aquilo é possível para nós também.

A emoção tóxica da inveja impede que as coisas boas cheguem até você. Envie amor e gratidão para todo mundo que é bem-sucedido e que tem o que você quer, e veja as coisas boas começarem a vir para você.

História da Fiona – Amargura e inveja estavam bloqueando seu sucesso

Fiona era a dona de uma boutique. Anos antes, a boutique era uma sociedade com sua amiga Jessica, mas depois de dois anos de sucesso, Jess, sua sócia, anunciou que queria sair da sociedade e abrir seu próprio negócio. Ela tinha um marido rico que estava preparado para financiar a sua próxima empreitada. Com o passar dos anos, Jess tornou-se muito bem-sucedida, abrindo várias outras lojas, enquanto o negócio da Fiona só 'sobreviveu' e nunca cresceu realmente. Fiona sentia-se traída e desapontada por sua amiga. Ao falar sobre o passado, eu pude ver que ela nunca realmente aceitou o que aconteceu e que ainda se sentia meio amargurada e com ciúmes da ex-sócia e amiga. Só de mencionar o nome da Jess a fez recuar.

Sugeri à Fiona que as pessoas chegam em nossas vidas por uma razão, por uma estação ou para a vida toda. Talvez Jess tenha vindo para ajudá-la a começar o negócio, mas que nunca iria ficar para sempre. Que era hora de perdoar a Jess para que a Fiona pudesse se libertar. Expliquei como emoções tóxicas como ressentimento e inveja estavam causando danos a ela mesma e ao seu próprio negócio. Fiona e eu fizemos juntas um processo de cura usando o método *Soul Truth Healing* e durante o processo, pedi à Fiona para agradecer à Jess por mostrá-la o que ela poderia ter também. Fiona sentiu uma mudança maravilhosa depois da nossa sessão.

Verdade Número 8: Aqueles que possuem o que desejamos

estão ali para nos mostrar que podemos ter aquilo também.

Afirmação: *Eu liberto-me de toda inveja e escolho ser feliz pelas pessoas que têm o que quero.*

Equilíbrio

Vivemos em um mundo de polaridades:

- Direita e esquerda
- Yin e Yang
- Quente e frio
- Trabalho e diversão
- Riqueza e pobreza

A Lei Universal do Equilíbrio diz que equilíbrio é a parte chave para tudo. A Natureza está sempre procurando se equilibrar e se quisermos viver as nossas melhores vidas, devemos buscar equilíbrio em todas as coisas também. Onde quer que em nossas vidas estejamos em desequilíbrio, nós sofreremos.

História do Aaron – Extremamente bem-sucedido, mas exausto

Aaron era um cabeleireiro muito ocupado e bem-sucedido. Ele era dono de um salão, empregava outros cabeleireiros talentosos, mas porque era tão bom no que fazia, ele estava constantemente em demanda. Seu trabalho começou a tomar conta de toda a sua vida. Ele estava ficando irritado com seus funcionários e até mesmo com alguns de seus clientes. Sugeri a criação de limites bem definidos em relação à sua vida particular e que não fosse permitido que seu trabalho interferisse nos seus horários de folga.

"Acho difícil dizer não. Eu realmente não quero desapontar meus clientes."

"Qual é o pior que poderia acontecer se tivesse que dizer não ou sugerir a eles que fossem atendidos por outros cabeleireiros do salão ou até mesmo, marcar para que eles o vissem em algumas semanas?"

"Eles irão para outro salão e eu perderei meu negócio."

Então embaixo da sua inabilidade de criar limites entre seu trabalho e sua vida pessoal estava o medo de que se ele dissesse "não", a fonte secaria. Eu compartilhei com Aaron que também senti o mesmo medo logo no começo do meu negócio. Entretanto, quando comecei a criar limites bem definidos entre o trabalho e a minha vida pessoal, um fenômeno muito interessante aconteceu. A maioria dos meus clientes estava feliz de esperar para me ver, e os que quiseram ir para outro lugar, tinham que ter ido para outro lugar mesmo. O Universo não quer que nos sacrifiquemos para que sejamos bem-sucedidos. O Universo quer que desfrutemos do equilíbrio entre o tempo com o trabalho e a nossa diversão. Quando conseguimos adequadamente descansar e nos divertir, nos sentimos renovados e isso melhora o nosso trabalho. E quando trabalhamos bem, isso melhora o nosso tempo de lazer.

Sugeri que se Aaron continuasse a viver uma vida desequilibrada, ele poderia talvez manifestar circunstâncias que o forçariam a ter equilíbrio – qualquer coisa desde a desapontar mais clientes até ter um acidente por causa do cansaço ou até mesmo uma doença. Naquele momento, melhor seria proativamente adotar **A Lei Universal do Equilíbrio**, do que ele ser forçado em sua vida no futuro de uma maneira que ele não tivesse controle.

Verdade Número 9: Procure equilíbrio em todas as coisas.

Afirmação: *Equilíbrio é a chave para o meu sucesso de verdade.*

Coragem

É preciso coragem para trabalhar por conta própria, estar disposto(a) a crescer e mudar. Pessoas corajosas não são pessoas sem medo. Pessoas corajosas reconhecem e superam seus medos para conseguirem chegar aonde querem estar. A escritora Anaïs Nin escreveu:

"A vida encolhe ou expande de acordo com a coragem de cada um."

Ter coragem significa estar disposto(a) a sair da sua zona de conforto, continuar desafiando a si mesmo(a) e estar disposto(a) a mudar. Isso requer correr riscos e encarar fracassos de tempos em tempos, e estar disposto(a) a tentar novamente. Todas essas coisas são necessárias se você tem o seu próprio negócio e quer conquistar o sucesso de verdade.

História da Leah – Superando o medo

Você deve lembrar-se da Leah que tinha medo de falar em público. Por causa da sua disposição para explorar aquele medo e descobrir o porquê de sentir-se assim e fazer algum trabalho de cura proativo sobre ele, Leah conseguiu falar sobre o seu negócio para grandes audiências. Isto não foi bom só para o seu negócio e sua presença on-line, mas também foi capaz de inspirar outros empreendedores. Mas Leah me contou mais tarde que o melhor de tudo, foi saber que ela teve a habilidade de transcender à sua limitação.

"Se eu consigo fazer isso," disse Leah "O que eu não consigo fazer?"

Verdade Número 10: Coragem é a habilidade de superar o medo para chegar aonde você quer ir.

Afirmação: *Eu tenho a coragem de superar minhas velhas limitações e crescer.*

Presença e Consciência

Transformação não é possível sem um grau de presença e consciência. Presença é a habilidade de estar por completo no presente momento. Presença cultiva a consciência. Consciência é a habilidade de observar – o que está à sua volta, o que está acontecendo à sua volta, com você e o que está acontecendo dentro de si mesmo. É claro que não vamos sempre estar completamente presentes e conscientes de tudo, pois a nossa mente está constantemente se prendendo a vários pensamentos.

Como sugerido no começo deste livro, praticar meditação regularmente e/ou ter um tempo de quietude contemplativa são essenciais para cultivar presença e consciência. Há uma simples prática de meditação disponível no final deste livro. Quando você está presente e consciente, você tem a habilidade de medir a sua própria vibração, e você pode se perguntar:

- Estou em paz com o tempo?
- Estou me sentindo completamente entregue ao Universo?
- Estou sentindo gratidão?
- Estou em sintonia com todos e tudo?
- Estou me sentindo em equilíbrio?
- Estou me sentindo corajoso(a)?
- Estou presente no aqui e no agora?

Quanto mais presente e consciente estivermos, mais habilidade teremos de responder às pessoas e situações conscientemente, ao invés de reagir de maneiras antigas e ineficientes. Responder ao invés de reagir é fundamental para todos os aspectos do seu negócio.

Verdade Número 11: Presença e consciência são essenciais para a transformação.

Afirmação: *Com presença e consciência, eu respondo conscientemente.*

Amor

O que é amor? Amor é a mais alta e mais pura vibração que existe, e a chave para se chegar ao sucesso. Procurar ser conscientemente uma presença amorosa em tudo o que fazemos garante não apenas a manifestação dos nossos desejos, mas o fazemos de maneira mais prazerosa e criamos também um bom karma.

A Lei Universal do Karma diz que colhemos o que plantamos. O amor por nós mesmos e pelo nosso propósito são essenciais nessa jornada.

Amar a todos com quem entramos em contato – nossos clientes, nossos funcionários e empreiteiros, nossos conselheiros e ajudantes – permite que tudo flua. O velho ditado *"O amor faz o mundo girar"* é realmente verdadeiro. Sempre que formos desprovidos de amor, vamos passar por bloqueios e dificuldades.

Em essência, somos todos 'amor'. Tornar-se consciente do seu coração, ver e sentir a si mesmo(a) cada dia como uma presença de amor. Mesmo que venhamos a ter experiências com pessoas e relacionamentos difíceis, é sensato ir dentro de si e assumir a responsabilidade por sua parte em qualquer relacionamento, perguntando a si mesmo(a):

"O que dentro de mim está me impedindo de amar esta pessoa?"

Estar disposto(a) a amar a todos. Isso não quer dizer que você não deva ter limites pessoais; isso quer dizer, simplesmente, ser uma pessoa boa e ter boas intenções para com todos.

Verdade Número 12: O amor cria todas as coisas boas.

Afirmação: *Eu sou sempre uma presença amorosa.*

"A maior glória em viver não está em nunca cair, mas em levantarmos cada vez que caímos."

Nelson Mandela

Elaborando Seu Plano de Negócios Espiritual

Exercício 15 – Escrevendo sobre seus pensamentos, experiências e observações

Determine um número de 1 a 10 (sendo 1 para bem baixo e 10 para bem alto) para avaliar o seu relacionamento com cada uma das áreas fundamentais da sua vida listadas abaixo:

- Tempo
- Entrega
- Gratidão
- Unidade
- Equilíbrio
- Coragem
- Presença e Consciência
- Amor

Como você poderia melhorar cada uma dessas áreas?

- Tempo
- Entrega
- Gratidão

- Unidade
- Equilíbrio
- Coragem
- Presença e Consciência
- Amor

Exercício 16 – Oração de Intenção

Fique parado(a) e permita-se se sentir quieto(a) e calmo(a).

Faça a seguinte oração para o Universo

> *Que hoje eu esteja em paz com o tempo.*
> *Que eu me entregue à Sua graça.*
> *Que eu seja grato(a) e aprecie tudo o que tenho.*
> *Que eu seja um com todos e tudo.*
> *Que eu possa desfrutar de equilíbrio.*
> *Que eu seja corajoso(a).*
> *Que eu esteja presente e consciente.*
> *Que eu seja amor.*

Capítulo 7
Marketing de Sucesso e Espiritual

É necessário que você e a sua empresa sejam divulgados, para que o seu negócio cresça e seja expandido.

O propósito deste capítulo é de encorajá-lo(a) a sentir-se confortável para divulgar a si mesmo(a), seus produtos ou serviços para o mundo e encontrar uma maneira que seja boa para você, pois quando falamos sobre marketing, a coisa mais importante é sentir-se alegre, em paz e inspirado(a) pelo processo, e não com medo, sem esperança ou pessimista. Lembre-se de que você é o seu negócio e o seu negócio é você. Como você se sente realmente afeta os resultados de qualquer esforço de marketing.

O marketing é uma parte essencial no desenvolvimento do seu negócio, mesmo que isso também provoque o surgimento de muitos medos e resistência em muitas pessoas. Existem diferentes formas de marketing, e o que funciona para o negócio de uma outra pessoa, talvez não funcione para o seu negócio e vice-versa. Cada negócio é único e requererá a sua própria estratégia de marketing.

Existem vários livros, cursos on-line e especialistas de marketing de redes sociais para empreendedores quando falamos sobre estratégias, mas no final das contas, também é importante seguir seu próprio instinto. Estou propondo uma abordagem de marketing mais espiritualizada e humana, longe de qualquer manipulação ou método de venda agressivo que atualmente são oferecidos por alguns "especialistas" de marketing.

Aqui estão alguns pontos-chave quando se trata de marketing:

- Aceite que o seu negócio precisa ser visto e conhecido, pois isso é essencial para o crescimento dele
- Esteja disposto(a) a investir no seu negócio
- Reconheça qualquer medo que você tenha quando estiver fazendo a divulgação de si mesmo(a) e do seu negócio
- Considere todas as suas opções (e existem várias delas!)
- Gaste o que puder gastar com o marketing da sua empresa
- Desapegue-se de como serão os resultados, mas monitore-os
- Entenda que o marketing mais bem-sucedido surge das tentativas e dos erros.

Colocando-se no mercado

O marketing é um aspecto essencial para estar no mundo dos negócios, porém também é a causa de muito medo e intimidação para muitos. A maioria de nós pensa em marketing e propaganda como algo "forçado", que tem como objetivo chamar a atenção das pessoas para tirar a atenção delas de uma outra coisa; que de alguma maneira estamos iludindo as pessoas ou forçando a nossa vontade sobre elas. Muitos de nós veem marqueteiros e anunciantes como pessoas egoístas e malandros. E isso é uma visão egóica do velho paradigma sobre marketing e propaganda.

Se você realmente parar para pensar sobre isso, tudo o que o marketing faz é deixar as pessoas saberem que você, seus produtos e serviços existem. Que você, seus serviços ou seus produtos estão aqui prontos e dispostos para ajudar da sua própria maneira e aqueles que precisam e gostam de você, dos seus produtos e serviços estarão dispostos a trocar dinheiro pelo que você tem a oferecer, porque eles precisam do que você está oferecendo. Ao escrever isto, estou me lembrando da afirmação da Louise Hay:

"O que eu procuro também está me procurando."

Louise Hay foi também a autora desta afirmação:

"As pessoas precisam dos meus serviços."

Essas afirmações nos fazem lembrar que nós, nossos serviços ou nossos produtos são desejados e necessários.

Se você tem uma necessidade ou desejo de cumprir um propósito, pode estar certo de que haverá pessoas precisando do que você tem a oferecer.

A mente do ego que acredita em escassez e limitação vai nos fazer acreditar que esse não é o caso, e que vai ser uma briga, uma batalha ou uma luta para sermos notados pelo mercado. Do outro lado do espectro, algumas pessoas têm expectativas irrealistas e acreditam que seus esforços de marketing terão sucesso da noite para o dia. A verdade reside em algum lugar no meio. **(A Lei Universal do Equilíbrio).**

Reconheça o medo

Não é incomum sentir-se paralisado(a) pelo medo se você está prestes a apresentar a si mesmo(a), seus produtos ou serviços ao mercado pela primeira vez. Subjacentes a esse medo podem estar:

- O medo do julgamento
- O medo do fracasso
- O medo da humilhação
- O medo do sucesso e do desconhecido.

História da Jane – Isto é aterrorizante!

Jane estava para fazer o lançamento do seu próprio negócio e novo website. Ela estava muito feliz com o visual do website, mas alguma coisa não a deixava pressionar o botão que o faria aparecer on-line.

"Estou com pavor de me colocar no mundo lá fora," disse ela.

Perguntei à Jane se ela sentia que algo terrível poderia acontecer se ela se colocasse no mercado.

"Sim. Eu sinto como se fosse isso mesmo, mesmo que isso não faça o menor sentido."

Eu podia me identificar com aquela situação, pois já havia passado pelo mesmo medo antes, e mais tarde, quando eu estava criando cursos on-line e comecei a fazer o meu marketing através das redes sociais, eu senti o mesmo pavor novamente. E eu não costumo usar a palavra "pavor" sem pensar. Por baixo do medo de nos expor, nós não só carregamos medos desta vida, mas também medos que carregamos em nosso DNA dos nossos ancestrais e mesmo de vidas passadas. Esse terror é particularmente forte em mulheres. Mulheres empoderadas realmente passaram por experiências terríveis através da história, e para muitas de nós, isso ainda está presente em nosso DNA, mesmo que estejamos vivendo em tempos muito mais amistosos nos dias de hoje.

Jane pareceu mais relaxada depois que expliquei isso a ela. Só pelo fato de reconhecer o medo e de saber que sempre há uma boa razão do porquê desse sentimento, uma cura já está acontecendo, pois além do seu medo, Jane estava com vergonha e começando a se julgar. Ela agora poderia livrar-se daquilo, com um melhor entendimento do que realmente estava acontecendo.

Síndrome do Impostor

É muito comum passar pela experiência da 'Síndrome do Impostor' quando você decide colocar-se no mercado pela primeira vez com seus produtos ou serviços. O medo do julgamento na forma de:

- "Quem ela acha que é?"
- "Eles se chamam de especialistas?"
- "Ela está fazendo papel de boba."
- "Ela com certeza vai fracassar!"

Essas são apenas reflexões dos julgamentos que temos sobre nós mesmos e aquela velha crença de que não somos bons/boas o suficiente.

Minha história - Os julgamentos eram um espelho dos meus medos

Há pouco tempo, tornou-se evidente, tanto através de orientação interna como externa, que meu trabalho deveria tornar-se mais global. Eu já tinha conquistado sucesso em nível local – tinha bastante clientes para o meu trabalho como curadora e coach, e meus workshops e noites de meditação sempre contavam com a presença de vários participantes. Como se por um passe de mágica, o Ben apareceu na minha vida. Tínhamos trabalhado juntos antes, gravando meditações para o App Insight Timer, e fiquei entusiasmada, pois aquela alma espiritual e criativa estava agora livre para trabalhar comigo três vezes por semana. Ele era responsável pela produção dos meus cursos on-line, das publicações e do marketing.

O Ben me encorajou a começar a produzir conteúdo para o meu marketing nas redes sociais. À medida que nos colocávamos no mundo "lá fora" no éter, fui recebida pelas pessoas à minha volta com reações positivas e negativas, mas a maioria delas *negativas*. Conforme eu recebia cada uma daquelas reações, eu observava o medo, o autojulgamento e a vergonha que surgiam dentro de mim. Logo então, percebi que cada pessoa que fazia um comentário negativo era simplesmente um reflexo da minha falta de confiança em mim mesma e do meu medo de ser julgada. Sabendo disso, eu poderia silenciosamente agradecer àquela pessoa por me mostrar o que precisava aperfeiçoar em mim mesma. À medida que me dedicava a cada aspecto, os julgamentos e comentários negativos dos outros desapareciam. Eles não precisavam mais servir de espelho para refletir de volta para mim as coisas que eu precisava ver!

Coragem

Se você lembrar do nosso último capítulo, escrevi sobre a coragem. Ter coragem não significa não ter medo; significa reconhecer seu medo e estar disposto(a) a superá-lo. Uma coisa muito interessante acontece quando escolhemos encarar uma situação de medo e mergulhar de cara dentro dela. O medo se dissolve, e o que tememos passa a não ter mais poder sobre nós. A metafísica Florence Scovell Schin escreveu:

"Se alguém está disposto a fazer algo que está com medo de fazer, ele não tem que encarar uma situação sem medo; e não há situação alguma para encarar; o medo cairá em resultado do seu próprio peso."

Marketing na Era da Criatividade

Promoção e Marketing são um tipo de jogo que leva em conta a "soma das suas partes", e isso terá um impacto cumulativo. Não existe uma estratégia, fórmula ou ferramenta promocional em que podemos investir que nos dará as repostas secretas sobre o marketing, pois estamos vivendo em uma época pela qual as nossas opções de marketing são muitas e variadas; de fato, existem tantas opções de escolha, que isso pode nos deixar bem confusos e assustados. O mundo e a tecnologia estão mudando tão rápido, que novas opções e modismos de marketing continuam aparecendo a todo momento.

Se você se lembrar da minha história no Capítulo 2, eu fui abordada por uma empresa de cupons de desconto on-line para oferecer sessões de Reiki. Essas empresas eram muito populares em 2011, mas agora raramente se ouve falar delas. O Universo me ofereceu uma oportunidade de marketing que estava acontecendo naquela época, e eu felizmente peguei aquela onda.

Em 2017 eu descobri um app de meditação gratuito e pensei que fosse uma boa ideia gravar as meditações que eu havia escrito para minhas aulas de meditação no decorrer dos anos, e aquela seria uma maneira maravilhosa de espalhar o meu conteúdo pelo mundo afora e ajudar mais pessoas. Não fiz aquilo por dinheiro; naquela época não se ganhava dinheiro com apps. As minhas meditações tornaram-se bem populares.

Depois de um ano de gravações das minhas meditações, o Insight Timer anunciou que gostariam de pagar seus professores. Eu estava agora recebendo uma renda passiva por uma coisa que eu nem imaginava um dia ser paga por isso.

Mais no final deste capítulo, eu compartilharei com você algumas ideias de marketing, mas por favor lembre-se de que mesmo quando este livro for impresso, mudanças terão acontecido rapidamente, e manter a consciência atenta é essencial para que possamos agarrar as oportunidades certas quando elas aparecerem.

O Aspecto Financeiro do Marketing

De uma maneira ou de outra, o marketing lhe custará algo, seja isso tempo, energia ou dinheiro. Nunca tenha ressentimento pelo tempo, energia ou dinheiro que você tenha gastado com marketing, pois eles são custos essenciais de transações comerciais. Ressentimento bloqueará as coisas boas de virem para você. Pague pelos seus custos de marketing com alegria, pois esse dinheiro será retornado a você no final, mesmo que não seja nessa rodada específica de marketing. Lembre-se da **Lei Universal da Ação** - O Universo o(a) leva a sério quando você toma decisões na direção do que você quer, e Ele intervirá e lhe dará apoio.

História da Belinda – Sem disposição para investir em si mesma e no seu próprio negócio

Belinda era apaixonada por produtos orgânicos para a pele e havia criado uma linha de produtos que seus amigos e familiares adoravam. Ela tinha atraído para si uma pequena legião de fãs que compravam seus produtos, mas para que pudesse viver daquilo e para que a produção desses produtos fosse viável, Belinda teria que expandir o seu nome para além da sua área local. Naquele momento, aquilo era muito mais um hobby do que um negócio de verdade. Se ela quisesse expandir o seu comércio, teria que investir algum dinheiro com marketing. Belinda começou postando nas redes sociais, mas não impulsionando seus posts como anúncios pagos.

"Se você quiser fazer algum dinheiro, você terá que gastar algum dinheiro," eu disse a ela.

Belinda pareceu desconfortável. *"Isso vai me custar milhares de dólares para pagar por uma estratégia para as redes sociais,"* disse ela.

"Sim, mas isso poderia ser um dinheiro bem investido se for para colocar seus produtos no mercado e atingir um público muito maior. Você tem capital para fazer isso?"

"Sim," ela respondeu, *"Mas estou bem consciente de que poderia perder esse dinheiro."*

"Onde está esse dinheiro agora?"

"Está investido em ações."

"Você poderia perder esse dinheiro em ações também. Você tem que resolver se acha que vale a pena investir em si mesma ou se confia mais na bolsa de valores do que no seu próprio coração e alma que criaram algo que você acredita ser de valor verdadeiro."

Percebi que a minha declaração foi confrontante, mas eu havia feito aquela mesma pergunta confrontante a mim mesma há apenas um ano antes.

Por que eu estaria disposta a investir em certas corporações, mas não no que eu estava aqui para fazer?

Resposta: *Você não acredita que investir em si mesma vale a pena*! E se VOCÊ não acredita que vale a pena investir em você mesma, por que uma outra pessoa acharia que vale a pena investir em você? Esse processo precisa começar a partir de você!

Sua verba para o marketing

Quando se trata de calcular o quanto gastar com marketing, eu dou a mesma resposta padrão para todo mundo. Gaste o quanto pode gastar e com isso quero dizer uma quantia que não lhe colocará na vibração no medo ou escassez. De qualquer forma, sacrifique alguns "prazeres" para a sua verba de marketing, mas não sacrifique coisas essenciais, e não crie dívida, pois isso o(a) levará imediatamente para um lugar de medo e escassez, e o(a) fará agarrar-se desesperadamente a um resultado positivo.

História do Harry – Investimento excessivo no marketing

Harry tinha feito um trabalho maravilhoso seguindo com o seu novo negócio depois de sua sabatina espiritual na América do Sul no ano anterior. Ele veio me ver novamente e parecia desanimado. Ele tinha investido $15,000 em um curso on-line de 6 meses para aprender como lidar com o marketing do seu negócio e as estratégias que tinha aprendido não estavam funcionando para ele.

"Meu Deus Harry, isso é dinheiro demais!" eu disse ao calcular na minha cabeça quantas sessões dinâmicas e bem mais úteis ele poderia ter feito comigo por aquela quantia, e estar em uma situação muito melhor.

"Quando eu vi esse curso, ele prometia tudo que eu precisava saber, então achei que seria um investimento que valesse a pena."

Harry me confessou que agora estava com uma dívida exorbitante no cartão de crédito, e que estava se sentindo mais desesperado do que nunca para que o seu negócio desse certo.

Contei a ele que há alguns anos, uma verdade muito importante veio à minha psique – a de que qualquer coisa que fosse para o meu bem maior seria de preço acessível e fácil de fazer naquele momento. Tudo que fosse muito difícil de alguma maneira, incluindo financeiramente, não era para mim. Quando eu aderi a esse conceito, tornou-se claro o que era bom para mim e o que não era.

"Isso é realmente verdade!" disse Harry. "Agora mais do nunca, me sinto mais fracassado ainda, pois o curso on-line está me dizendo que eu já deveria estar atraindo mais vendas para a minha empresa."

"Todos nós somos únicos, Harry, e os nossos negócios também. A comparação é o ladrão da alegria. Ok, então me diga o que você aprendeu com esse curso. Tudo tem algo a nos ensinar."

Harry me contou algumas coisas que o ajudaram, mas ele identificou a lição mais importante: Qualquer coisa que fosse muito difícil de alguma forma – inclusive financeiramente – não estava destinado a ser seu.

"Que coisa boa Harry. Você aprendeu uma lição muito importante, e quando você compreende a lição, perdoando a si e a todos envolvidos, o Universo lhe envia Compensação Divina".

Pedi a ele para recitar a Oração da Compensação Divina:

> *"Eu reconheço que fiz uma escolha*
> *que não foi para o meu bem maior.*
> *Eu incorporo a lição desta experiência.*
> *Eu perdoo a mim mesmo(a) e a todos envolvidos.*
> *Agradeço ao Universo por me enviar agora*
> *a minha compensação Divina."*

Recebi uma ligação do Harry dois dias depois. Ele tinha recebido um cheque da Receita Federal no valor de $10.000. **A Lei Universal da Compensação Divina** já estava trabalhando. Eu tenho toda a fé que o Universo vai compensar os outros $5.000 de uma outra maneira milagrosa para o Harry em tempo Divino e perfeito. Eu poderia compartilhar com você muitas histórias similares sobre compensação Divina incluindo as minhas próprias, mas acho que a história do Harry ilustra esse ponto perfeitamente.

Desapegue-se dos resultados

Independentemente da sua escolha de como promover a si mesmo(a), seus produtos ou seus serviços, desapegue-se dos resultados. Essa é a **Lei Universal do Desapego**. É o nosso apego a um resultado que nos leva a julgar a nós mesmos como um fracasso ou um sucesso.

Nesse poema "Se", Rudyard Kipling escreve:

"Se encontrando a desgraça e o triunfo conseguires

Tratar da mesma forma esses dois impostores;"

O ego tem fixação nos resultados imediatos, mas são os resultados a *longo prazo* que realmente importam. Se um esforço de marketing não atingir o resultado que você espera, não desista. Com bastante frequência, o efeito "bola de neve" acontece – com o tempo você conquistará:

- Mais seguidores (se você está fazendo marketing

através das redes sociais)
- Mais críticas positivas
- Mais negócios
- Mais clientes
- Mais lucro
- Mais conhecimento
- Mais know-how.

É o ego que quer imediatismo. É o ego que quer resultados instantâneos. É o ego que vai fazer você acreditar que você é um fracasso se não conseguir o resultado que estava esperando.

Monitore os seus resultados – o que dá certo e o que não dá

Note o que dá certo e o que não dá. Desapegar-se de como serão os resultados pode soar contraditório, mas na verdade não é. Libertar-se de qualquer APEGO aos resultados, mas ao mesmo tempo, fazer um acompanhamento deles. Quando você obtém uma boa repercussão através de uma estratégia de marketing em particular, faça mais daquilo. Quando você não obtiver uma repercussão boa, não use aquela estratégia novamente.

Concentre-se em dar e não em receber

Quando você optar por promover a si mesmo(a), seus

produtos ou seus serviços, não tenha o seu foco principal em fazer dinheiro ou em ter lucro. Tenha o seu *propósito* e o seu *Porquê?* como seu foco principal. Quando você pensa em termos de dar e não de ganhar, você está trabalhando em alinhamento com o Universo. Quando você escolhe doar algo de valor, a boa intenção voltará para você. Conteúdo que é relevante e de valor para as pessoas atrairá mais negócios para você no final, porque as pessoas começarão a confiar em você. Oferecer amostras grátis é também uma ótima ideia. Como escrevi anteriormente, minhas meditações gratuitas no Insight Timer surgiram de uma ideia de querer compartilhar algo que eu sabia ter valor. Meus grupos de meditação adoravam as meditações que eu escrevia, então porque não as compartilhar em um app que estaria disponível para todo mundo?

É importante notar, entretanto, que se você decidir dar qualquer coisa, tenha certeza de que você só está fazendo isto a partir de um lugar de autoestima alta e não de autoestima baixa.

A partir de uma autoestima alta, estamos acreditando que:

O que eu tenho para dar é de grande valor e então, compartilho isso com amor, sabendo que eventualmente a minha boa intenção retornará para mim.

A partir de uma autoestima baixa, estamos acreditando que:

Já que ninguém quer o que eu tenho para dar, então eu posso muito bem dá-lo de graça.

Essas são duas vibrações muito diferentes e que criarão dois resultados extremamente diferentes.

Para adotar a **Lei Universal de Dar e Receber**, considere o que você está disposto(a) e pode dar às pessoas, que seja relevante, mas que ainda contenha algo para elas comprarem se elas se identificarem com você ou com os seus produtos. Isso poderia ser qualquer coisa, como:

- Uma amostra grátis do seu produto
- Um e-livro (e-book)
- Uma sessão mais curta gratuita
- Um vídeo com um tutorial gratuito
- Um cupom de desconto.

Sua proposta exclusiva de vendas

Qual é a sua proposta exclusiva de vendas? O que faz você, seu produto ou seu serviço serem diferenciados dos outros já existentes? É importante ponderar esta questão, não somente para os seus clientes em potencial, mas para você também. Quando você tem bem claro qual é o seu diferencial, você torna-se mais confiante em relação ao que está oferecendo.

O poder da autenticidade

Não se force a criar uma estória porque você acha que aquilo vai vender. Compartilhe você, seus serviços e produtos de uma maneira genuína e autêntica. As pessoas respondem bem à autenticidade.

Cumpra o que prometer

Em qualquer campanha de marketing, seja específico(a) e claro(a) a respeito do que você está oferecendo e certifique-se de cumprir com o prometido. Se você se lembra, escrevi antes no Capítulo 5:

"Dinheiro flui para aqueles que podem resolver os problemas das outras pessoas."

Então é sábio considerar:

- Que problema estou resolvendo?
- Que solução estou oferecendo?

Mantenha seu marketing atualizado

Mensagens de marketing que são relevantes ao que está acontecendo no momento "atual" serão atraentes para muitas pessoas. Fazer o marketing dos seus produtos e serviços em relação ao "agora" terá um impacto mais imediato.

Identificando seu mercado

O máximo que você puder, identifique quem será mais provável de comprar seus produtos e serviços, porque isso fará com que o seu marketing seja muito mais fácil. Talvez você não saiba disso no começo, mas com o tempo lhe será mostrado através das pessoas que estão fazendo negócio com você. Essa é uma outra boa razão para monitorar as suas vendas.

Clientes já existentes são o seu maior patrimônio

Assim como o velho ditado *"Mais vale um pássaro na mão do que dois voando"*, os clientes existentes têm mais valor que os clientes em potencial. Por quê? Porque eles já conhecem você ou o seu produto e serão, em um grau muito maior, mais fiéis a você do que alguém que não conhece você ou o seu produto ainda. Clientes existentes podem continuar a comprar de você assim como poderão indicar seus amigos e parentes para comprar de você. Então, o tanto quanto você puder, ofereça um adicional a seus clientes já existentes – ofertas especiais, brindes e extras.

Os 4 principais tipos de clientes

Apesar de não gostar de categorizar as pessoas de acordo com seus hábitos em relação a gastos e expectativas a informação a seguir, é útil quando falamos sobre o marketing do seu negócio para atrair os clientes certos para você. Pesquisadores de marketing identificaram que existem quatro principais tipos de clientes:

- **Compradores irracionalmente livres** – difíceis de agradar, exigentes e esperam obter os mesmos resultados de graça se eles eles não estivessem usando você.

- **Compradores de barganhas** – essas pessoas querem um bom desconto e podem pechinchar com você.
- **Compradores em busca de valor** – querem bons resultados por um preço justo e valorizam o que você faz.
- **Compradores premium** – têm mais dinheiro que tempo, são focados nos resultados e se estão conseguindo resultados de você, podem ser fiéis, altamente lucrativos, mas também exigem bastante.

Idealmente, você quer que a maioria da sua clientela seja de **compradores em busca de valor**, seguido de **compradores premium**. Se você quiser evitar os dois primeiros, não se promova com preços baixos.

Na minha experiência pessoal, eu tive mais prazer trabalhando com clientes em busca de valor. Essas pessoas acreditam em uma troca justa de energia, refletindo novamente na minha própria crença na **Lei Universal do Equilíbrio** e na **Lei Universal de Dar e Receber**.

Terceirizando seu marketing

Muitas pessoas escolhem terceirizar seu marketing contratando um estrategista de marketing ou um gerente de marketing de redes sociais, ou se especializando através de cursos de marketing e seminários. Tome cuidado com a lição aprendida na história do Harry. Você pode facilmente gastar um dinheiro que você não tem com estratégias de marketing que podem não servir para você ou para seu produto.

Ao considerar a terceirização do seu marketing, é sábio perguntar-se primeiro:

- Posso arcar com essa despesa?
- Estou acreditando em promessas falsas?
- Estou investindo muito dinheiro, tempo e energia nisso?
- O que a minha intuição está me dizendo?

Sugestões de marketing

Existem várias maneiras de promover a si mesmo(a) e o seu negócio, com isso é fácil sentir-se assustado(a) ao ver todas as opções. Entretanto, só porque há tantas opções, não significa que você tem que abraçar todas elas! Na verdade, eu desencorajo isso completamente. Começar com o que você acha que é possível e inspirador é uma ótima estratégia. Inicie com um tipo de marketing, e lembre-se de que realmente é uma série de tentativas e erros. Não se comprometa a assumir muita coisa tão cedo.

Em seguida, você encontrará uma lista de sugestões de marketing que são relevantes nesse estágio.

Website

Sem dúvida alguma, um website não é só uma ferramenta de marketing, ele é essencial para qualquer negócio. A primeira coisa que a maioria das pessoas fazem quando elas ouvem sobre um produto ou serviço que eles querem é procurar por aquilo on-line.

Um website pode conter o tanto de informação que você desejar compartilhar sobre seu produto ou serviço. É o espaço perfeito para que um cliente/consumidor em potencial aprenda mais sobre você, seu produto ou serviço. Além disso, qualquer outro material de marketing encaminhará as pessoas para seu website, sejam eles panfletos, anúncios on-line, cartões de visita ou redes sociais.

Cartões de visita

Cartões de visita ainda são usados por muitas pessoas e são uma ótima maneira de gentilmente promover seus produtos e serviços. Para usá-los efetivamente, carregue-os sempre consigo onde quer que você for.

Lista de e-mails

Essa é uma das ferramentas de marketing mais efetivas porque *os clientes que você já tem são mais valiosos que os novos clientes em potencial*. Quando você encontrar um cliente novo ou receber um e-mail com perguntas, certifique-se de pegar o endereço de e-mail deles. Por lei você precisa pedir permissão antes de inserir o e-mail de alguém na sua lista de e-mails. Com uma lista de e-mails, você pode enviar boletins informativos, atualizações e ofertas especiais. Muitos clientes repassam os e-mails que recebem para amigos e parentes se o que você estiver dizendo ou oferecendo tiver valor.

Redes Sociais

Facebook / Instagram / LinkedIn / Twitter – são também formas de marketing altamente eficazes se você tiver o conhecimento de como fazê-lo eficientemente ou se contratar um profissional para fazer por você.

Crie uma página para o seu negócio em qualquer uma das plataformas das Redes Sociais. Peça para os seus clientes dar um 'like' na sua página. Tudo o que você postar pode ser visto pelos seus seguidores, mas também divulgados para públicos específicos. Para anunciar eficazmente através das Redes Sociais, eu aconselho ler bastante sobre o assunto, pesquisar e planejar antes de começar sua campanha de marketing.

YouTube

Você pode criar seu próprio canal no YouTube, produzir um YouTube vídeo ou séries de vídeos que são tanto para entretenimento ou de ajuda e demonstrar seu produto ou conhecimento na sua área. Você pode também pagar para anunciar no YouTube, todavia eu aconselharia pesquisar adequadamente e fazer um planejamento antes da utilização dessa forma de marketing.

Palestras gratuitas, demonstrações ou eventos

Você pode criar essas opções on-line ou realizá-las em um espaço físico para fazer uma demonstração dos seus produtos e serviços aos participantes.

Feiras comerciais e festivais

Exibir seus produtos ou serviços em um espaço relevante para o seu negócio pode ser bem efetivo.

Panfletos

Essa é uma boa estratégia para muitos negócios, porque panfletos podem ser impressos por um preço razoavelmente barato e não custa nada tê-los expostos em lugares tais como um quadro de avisos local, cafés e em qualquer outro estabelecimento que esteja disposto a lhe apoiar. Escolha lugares que atraiam a demografia certa na sua área local.

Anúncios no Google

Anúncios no Google podem ser caros, mas são eficazes se você souber como implementá-los, e eles podem colocar seu website em uma posição de um ranking mais alto nas buscas.

Publicidade Tradicional

Anunciar em jornais, revistas, televisão, rádio - Esse tipo de publicidade pode ser bem dispendioso, mas adequado e lucrativo para certos tipos de negócios.

Blog

Escrever um blog que seja útil para os seus clientes e consumidores em potencial vai (a) ajudá-los e (b) permitir que eles conheçam você e seus serviços. Isso pode ajudar a melhorar o alcance do seu website.

Pense em criar posts de blog que abordem assuntos relacionados com o que os seus clientes em potencial precisam.

Sociedades com outras empresas

Formar parcerias com outras empresas pode possibilitar a criação de ótimos produtos e serviços com resultados surpreendentes, onde cada um pode se beneficiar da base de clientes do outro.

Podcast

Ser entrevistado em um podcast pode ser uma maneira fantástica de promover seus serviços e compartilhar bom conteúdo. Criar o seu próprio podcast é também uma boa opção se você dispuser de tempo, energia e inspiração para investir.

Escrever um livro

Escrever um livro que dê fundamento ao trabalho que você faz pode ser uma ferramenta de marketing eficiente, pois é

(a) útil para as pessoas certas, (b) cria uma relação entre você e o seu leitor e (c) demonstra o seu conhecimento.

Você pode publicar seu livro em formato impresso, como um e-book ou como um áudio-book, ou de todas as três maneiras.

E-book grátis

Escreva um e-book que seja útil e deixe-o disponível no seu website, nas plataformas para e-books ou nos anúncios das suas campanhas. Certifique-se de que o conteúdo seja relevante e de valor. Esta é uma ótima maneira de oferecer para as pessoas algo de valor em troca pelos seus endereços de e-mail, construindo assim a sua lista de e-mails.

Grupos de redes de negócios

Existem grupos de redes de negócios em muitos municípios e cidades, e em cada grupo, há apenas uma pessoa em cada categoria de negócio. Por exemplo, haverá só um advogado, um vendedor de tapetes, um terapeuta de Reiki. Empresários se reúnem para se ajudar e promover os negócios um dos outros. Isso também existe on-line.

De boca em boca

Nunca subestime do poder da palavra. Referências pessoais passadas de uma pessoa para a outra através da comunicação oral sempre será uma maneira eficaz e um método orgânico de marketing. Se o que você estiver fazendo ou vendendo está proporcionando resultados positivos para as pessoas, você pode ter certeza de que as pessoas vão comentar com outras pessoas e essas referências começarão a se espalhar.

A trajetória intuitiva é o caminho

É sensato pesquisar todas as opções de marketing, mas preste atenção aos seus instintos e pressentimentos, pois eles são mensagens da sua intuição. Ao estar presente e consciente, você poderá identificar as oportunidades e aproveitá-las na hora certa. A vida está sempre nos oferecendo oportunidades – de fato, a vida nos oferece uma oportunidade atrás da outra, então não se preocupe se você deixou alguma oportunidade passar no passado.

O Universo é muito bom em dar segundas chances e até mesmo terceiras chances. Nunca é tarde demais para tornar-se presente e aproveitar todas as riquezas que a vida tem para oferecer.

Não importa o que você faz, faça com amor

Este é o aspecto de marketing mais importante. Se você promover a si mesmo(a), seus produtos ou serviços com amor e alegria, você estará na vibração certa pela qual irá manifestar. Se você se sentir desconfortável, com ressentimento, receoso(a), resistente, sem inspiração ou com qualquer outra emoção de desamor, é provável que os seus esforços de marketing não o(a) ajudarão no crescimento do seu negócio. O amor é o solo fértil onde os seus sonhos crescerão.

Faça o Universo trabalhar para você

Lembre-se de que você nunca está só. Quando você sair para promover seu negócio, faça a entrega de tudo o que fizer para a Fonte Divina, e peça para que o caminho lhe seja mostrado. O Universo não deseja que as coisas sejam difíceis para você. Se qualquer coisa parece difícil demais ou simplesmente não parece estar certa, este não é o caminho certo!

Um bom produto eventualmente vende por si só

No começo é preciso esforçar-se, mas um bom produto eventualmente vende por si só. Os seus esforços de marketing criam um efeito bola de neve. Com o tempo, o ímpeto aumenta, a energia se intensifica e seu negócio andará com as próprias pernas. Esse é o Fluxo Universal!

"As pessoas tendem a superestimar o que podem fazer a curto prazo, e a subestimar o que podem fazer a longo prazo."

Bill Gates

Elaborando Seu Plano de Negócios Espiritual

Exercício 17 – Escrevendo sobre seus pensamentos, experiências e observações

Contemple qualquer medo que você possa sentir ao pensar sobre marketing e sobre colocar a si mesmo(a) ou seus produtos/serviços no mercado. Você pode usar a lista abaixo para identificar esses medos:

- Medo do julgamento
- Medo do fracasso
- Medo da humilhação
- Medo do sucesso e do desconhecido.

Quanto você tem de verba para gastar com marketing no momento?

Qual é a sua proposta exclusiva de vendas?

Pelo seu conhecimento, quem são as pessoas que têm as maiores chances de comprar seu produto ou contratar seus serviços?

Quem são seus clientes / consumidores ideais?

Como você pode dar valor adicional para os seus clientes já existentes?

Quais ideias de marketing são atraentes para você atualmente?

Exercício 18 – Oração para o marketing do seu negócio

Fique parado(a) e permita-se sentir quieto(a) e calmo(a).

Faça a seguinte oração para o Universo:

Eu entrego a Você as minhas ideias de marketing.
Agradeço por me ajudar em todos os passos do meu caminho.
Agradeço à orientação Divina e inspiração.
Agradeço por me mostrar o que é Divinamente certo
e o que não é.
Que o meu negócio seja levado para o seu mais alto potencial
Como uma benção no mundo todo.
Obrigado(a).

Capítulo 8
Seu Dia de Trabalho Ideal

Mesmo que você tenha uma visão do futuro, seu poder reside no 'Agora'. Esse poder vem de estar em uma vibração alta no momento presente e de encontrar alegria em cada e todo dia, quaisquer que sejam as circunstâncias.

Como seria o seu dia de trabalho ideal? Às vezes, podemos ficar tão presos à nossa visão do futuro e em como vamos alcançá-la, que esquecemos de que o momento mais importante é o agora, e que cada e todo dia já são um presente por si só, independentemente de onde estamos na nossa jornada rumo ao sucesso. Como já disse no começo deste livro, o que conta de verdade é a jornada e não o destino, pois quanto mais você estiver aproveitando a jornada, maior a probabilidade de manifestar o seu destino!

Nesse último capítulo, eu gostaria de compartilhar com você a importância de criar uma estrutura e rituais diários para que você se mantenha em uma vibração alta. Mas primeiro quero compartilhar com você algo que descobri há alguns anos.

A minha descoberta sobre a luta diária

Eu tinha acabado de completar o meu Mestrado em NLP (Programação Neurolinguística) e eu estava cheia de inspiração e disposição para aplicar os princípios do NLP em mim mesma e no meu negócio, e para criar uma maneira eficaz de compartilhar essas práticas com os meus clientes. O problema é que eu estava TÃO cheia de inspiração e motivação que fiquei atormentada com tudo que eu precisava fazer e implementar para que pudesse atingir a minha meta. Acabei ficando estressada, ansiosa e me vi voltando ao meu padrão antigo de "tanto para fazer e sem tempo suficiente". Depois de pelo menos uma semana de trabalho duro e estressante, a minha consciência entrou em ação. Voltei para o meu tapete de meditação, e durante a meditação me veio uma mensagem.

Se o caminho que você está parece uma subida contínua de dificuldade e sofrimento, então esse não é o caminho.

Instantaneamente, senti um alívio, antes que uma outra mensagem viesse.

O caminho par o seu sucesso vai fluir com graça e facilidade.

Essas mensagens me encheram de alegria e mudaram a minha percepção sobre trabalho inteiramente e a maneira como eu via cada dia de trabalho. Eu vinha tratando cada dia como uma oportunidade para fazer o máximo de coisas que eu pudesse fazer, desconsiderando como estava me sentindo.

Agora eu podia ver que 'eu' sou uma parte importante do meu dia; não somente os meus projetos. Comecei a realmente entender a importância do(a):

- Autocuidado
- Equilíbrio
- Discernimento
- Conexão espiritual
- Gratidão
- Intuição

Deixe-me falar um pouco mais sobre cada ponto.

Autocuidado

Você é a pessoa mais importante da sua vida! Sem você, seu propósito e seu negócio não existiriam. É tão fácil esquecer de si mesmo(a) às vezes. Seu bem-estar é de suma importância. A maioria de nós foi ensinada a sacrificar as próprias necessidades pelos outros e por outras coisas, mas a fim de viver as nossas melhores vidas, cuidar de nós mesmos no dia a dia deve vir em primeiro lugar.

Equilíbrio

Aprender a equilibrar as nossas próprias necessidades com as necessidades do nosso negócio, dos nossos relacionamentos e dos outros compromissos, assim como equilibrar a ação com a inação, também é importante se queremos desfrutar das nossas vidas diárias. Algumas pessoas enganam-se achando que vão finalmente reequilibrar-se quando o projeto acabar, quando o final de semana chegar ou quando elas finalmente conseguirem sair de férias. Quando você traz equilíbrio para a sua vida, você deixa de ter aquele anseio para que as férias cheguem logo!

Discernimento

Não podemos conseguir equilíbrio e encontrar um caminho feliz sem discernimento. Vivemos em uma época em que constantemente somos bombardeados por mensagens externas, demandas e uma cultura que dá mais valor em "estar sempre ocupado" do que estar em equilíbrio. Ter a capacidade de discernir o que é importante e o que não é, nos permite fazer o SUFICIENTE a cada dia, mas não em excesso. O discernimento libera um espaço para que possamos estar inteiramente engajados e focados nas tarefas importantes e nos rituais que importam para nós. Aprender a dizer "não" sem se sentir culpado(a) é uma das artes do discernimento.

Conexão espiritual

Você não está nesta jornada sozinho(a)! Quando você traz práticas espirituais para a sua vida, você percebe, no seu dia a dia, que você tem companhia, e que na verdade é uma companhia poderosa! Lá no fundo, você começa a perceber que está cocriando, e com esta certeza, você sente-se apoiado(a), e seu trabalho flui com graça e facilidade.

Gratidão

Praticar a gratidão a cada e todo dia cria uma poderosa vibração que faz com que você tenha foco no que você REALMENTE tem, e não, no que você NÃO tem. A gratidão literalmente muda a sua química. Para verdadeiramente sentir os benefícios da gratidão, uma prática diária é necessária. Você pode baixar um diário de gratidão gratuito do meu website.

Intuição

Quanto mais você olhar para dentro de si, mais você desperta a sua intuição. O caminho intuitivo é o caminho para os seus sonhos. Quando você acessa a sua própria intuição, você começa a trabalhar mais intuitivamente, em oposição a trabalhar de forma concretizada. Você segue mais o seu próprio instinto, torna-se mais flexível e mais aberto para ouvir a si mesmo(a) e reconhecer os sinais e orientações externas.

Criando uma estrutura para o dia a dia

Cuidar de si e trabalhar intuitivamente não quer dizer que você não tenha que ter uma programação para o seu dia. Trabalhar por conta própria requer que você tenha pelo menos alguma estruturação. Frequentemente, trabalhar sem estrutura leva à falta de motivação e a inabilidade de obter uma boa tração. Enquanto cada dia pode ser diferente, eu recomendaria que a formatação de um dia regular de trabalho incluísse:

- Um ritual matinal de autocuidado
- Horas de trabalho
- Horários para refeições
- Um ritual no final do dia e/ou um ritual antes de dormir.

Ter flexibilidade

Você pode ter uma estrutura diária E ter flexibilidade. Se você estiver trabalhando intuitivamente, você se permite ser flexível dentro dessa estrutura.

Por exemplo, depois da sua rotina matinal, você pode ter planejado trabalhar em um projeto em particular, mas naquele dia apareceu algo mais urgente ou que precisa ser feito, então, ao invés de trabalhar no projeto, você escolhe resolver aquilo no lugar. Ou talvez uma oportunidade inesperada que seria boa para você ou para o seu negócio surja, então você coloca o seu projeto inicial para esperar até amanhã.

Liberte-se do jeito de pensar da era da produtividade

A era da produtividade – onde quanto mais você trabalha, mais você produz e mais dinheiro você faz – acabou! Isso não funciona mais para a humanidade. Nessa nova era da criatividade, não se trata de trabalhar mais; trata-se de trabalhar de forma mais inteligente.

Quando estamos verdadeiramente presentes, conectados com a Fonte e conscientes, temos a habilidade de concentrar a nossa atenção por completo no que estamos fazendo. Intuitivamente sabemos o que fazer, o quanto fazer e quando parar. O Universo não quer que trabalhemos DURO e sacrifiquemos a nossa saúde e paz interior.

Cuidado com o 'workaholism'

Para algumas pessoas, trabalhar é um vício muito real, mesmo que estejam escolhendo trabalhar por conta própria. Como crianças, elas podem ter recebido a mensagem de que só tinham valor quando estavam realizando algo. Agora, como adultos, se não estão realizando nada (ou sendo "produtivos"), os workaholics sentem como se não estivessem fazendo "nada".

Existirão momentos em nossas vidas em que não estaremos realizando muito, ou quando talvez não tenhamos condições de trabalhar. Amar a nós mesmos, se estamos ou não realizando algo, é amor-próprio incondicional, e o estado perfeito de se estar se queremos atingir um sucesso espiritual.

Minhas rotinas e rituais

Eu gostaria de compartilhar com você as rotinas e rituais que eu tenho praticado já faz alguns anos. Mencionarei também esses exercícios no seu Plano de Negócios Espiritual no final deste capítulo.

Esses rituais fazem parte naturalmente do meu dia a dia e com isso, não parecem difíceis ou forçados. Todo mundo precisa encontrar um jeito que funcione para si mesmo.

Somos todos diferentes e possuímos necessidades únicas, então por favor não pense que estou lhe prescrevendo o que você precisa fazer. Pelo contrário, eu convido você a pegar e utilizar somente o que de alguma maneira você se identificar. O restante pode ser deixado de lado.

A estrutura do meu dia normal de trabalho

Minha manhã começa ao acordar sempre no mesmo horário, fazendo 20 minutos de meditação e um pouco de Reiki em mim mesma. A seguir, faço uma oração de intenção e faço a entrega do meu dia nas mãos do Universo, sabendo que mesmo que tenha planos, no final das contas, o Universo é que está no comando de como meu dia será mais bem aproveitado.

Sou muito privilegiada de morar em um bairro lindo na baía de Sydney, logo, geralmente os meus exercícios matinais são uma caminhada na praia de Balmoral, seguida de um pouco de yoga e finalizando com uma nadada no mar. Durante a minha natação, eu faço minha prática de gratidão e minhas orações.

Eu começo a receber meus clientes no meio da manhã e paro para almoçar no meio da tarde.

O meu trabalho envolve não somente ver meus clientes pessoalmente, mas também promover workshops, eventos on-line, escrever livros e meditações, gravar meditações, criar campanhas de marketing e dar entrevistas, então enquanto planejo para a semana que está por vir, ter flexibilidade dentro de um dia de trabalho é também importante para mim.

Um dia por semana, tenho um dia sem clientes onde trabalho em projetos tais como escrever, planejar, encontrar com meu assistente Ben e fazer as tarefas administrativas.

Apesar de atender clientes aos sábados, eu recompenso com um dia de folga durante a semana para socializar, resolver assuntos pessoais, fazer compras ou fazer uma massagem.

Ao final de cada dia, eu faço uma oração de limpeza para me purificar de quaisquer energias negativas que eu talvez tenha pegado no decorrer do meu dia, em seguida eu agradeço por tudo que consegui realizar naquele dia. Depois agradeço ao Universo, pelo privilégio de estar fazendo um trabalho que amo, por todos os meus clientes maravilhosos e pela minha abundância.

Antes de dormir, agradeço novamente pelo dia e invoco meus Arcanjos para que me levem para os reinos mais altos de amor e luz para o meu crescimento, evolução e iluminação.

Meu ritual matinal de segundas-feiras

Já faz alguns anos agora que eu começo a semana com um ritual na segunda-feira de manhã. Isso pode ser feito no domingo também, como uma preparação para a próxima semana. Depois de uma meditação, eu faço meu "pedido" para o Universo, afirmando as minhas intenções e tudo que gostaria de realizar e manifestar naquela semana. Em seguida faço a entrega daquelas intenções, sabendo que se esses pedidos não forem realizados, o Universo tem outros planos para mim, e que com certeza serão para o meu bem maior.

Durante esse processo, também faço a entrega de todas as minhas preocupações e desafios para o Universo. Como também faço leitura de cartas de Tarô, eu medito nos desafios e peço algumas orientações através das cartas. Eu sempre me surpreendo com as repostas que aparecem para mim. Sugiro que mesmo que você não leia o Tarô, que compre um conjunto de cartas do oráculo que lhe atraia e as use dessa maneira. Isso fará com que a sua conexão com a Fonte Universal se fortaleça, e permitirá que você receba ajuda diretamente.

Quando seu negócio está devagar

Haverá momentos quando o seu negócio estará devagar, particularmente no começo. Nesses períodos de quietude, você quer sentir-se o mais em paz possível, e ter a mais absoluta fé de que a maré vai mudar e voltará. Bem no começo do meu negócio, eu ficava em pânico quando o negócio estava parado demais e sentia a necessidade de tentar angariar mais negócios de alguma maneira, mas esse tipo de ação de ter que correr atrás para que as coisas acontecessem não era o tipo de solução que funcionava para mim. O que eu precisava era uma mudança de vibração. Através de praticar a aceitação e enxergar os momentos mais parados como oportunidades, ao invés de desastres, a minha paz interior era recuperada, e quando a hora certa chegava, o negócio voltava a fluir normalmente!

Um senhor bem charmoso, dono de uma loja de roupas masculinas no meu bairro, me contou o que ele fazia quando a sua loja ficava muito parada. Ele fechava a loja por algumas horas e ia para uma cafeteria local e saboreava um delicioso café! Ele escolheu aproveitar o presente desse período sem muito movimento. E o seu negócio sempre voltou a ter bastante movimento novamente. Minha cliente Sarah me disse que quando seu negócio ficava muito parado, que ela ia fazer uma massagem e permitia-se relaxar profundamente. O telefone começaria a tocar com novas vendas logo depois!

Tempos de calmaria NÃO são o Universo lhe dizendo que você é um fracasso ou que você deveria desistir; é o Universo lhe dando tempo para reabastecer as energias e se renovar antes da próxima onda de oportunidades que está por vir. Então, se o seu negócio estiver parado, aproveite o máximo que puder para cuidar de si mesmo(a) – fazer algo que ame e sentir gratidão. Faça qualquer coisa que lhe dê um senso de paz interior e alegria.

Quando o negócio vai bem demais

Da mesma maneira que precisamos sentir paz quando o negócio está devagar, também precisamos encontrar paz quando o negócio vai bem demais! Lembre-se, o Universo não quer que você trabalhe PESADO. Se você se encontrar ocupado(a) demais, entregue a situação para o Universo e reflita para descobrir qual lição é para você aprender naquele momento. Será que é para você:

- Permitir mais tempo e espaço para ajustar suas expectativas em relação ao tempo
- Não se comprometer além do limite ou marcar mais compromissos do que você poderia cumprir
- Dizer não
- Delegar
- Expandir terceirizando ou contratando mais funcionários.

Sempre, as respostas estão dentro de você. Então, mesmo que você esteja extremamente ocupado(a), ache tempo para meditar e olhar para dentro de si para descobrir a reposta. Tentar diminuir o quão ocupado(a) você está tornando-se ainda mais ocupado(a) não funciona – só perpetua o problema.

Relacionamentos de trabalho

Sem ter em conta o tipo de negócio que você tem, tudo em negócios é sobre relacionamentos – seus relacionamentos com os seus consumidores ou clientes, seus funcionários, empreiteiros e quaisquer outras pessoas que venham a ter contato com você durante o seu dia. Esteja atento(a) aos seus relacionamentos todos os dias. O velho ditado "o cliente sempre tem razão" é um bom conselho, mas eu gostaria de melhorar esta declaração.

Eu acredito que o cliente é sempre:

- Merecedor de respeito
- Merecedor de gentileza
- Merecedor de receber bom custo-benefício.

Assim como, os seus funcionários, empreiteiros e qualquer outra pessoa com quem você tenha contato. A Regra de Ouro para tratar os outros como você gostaria de ser tratado é primordial na criação de um karma bom para você e seu negócio.

Houve períodos no começo do meu negócio, onde fiquei tão focada em um projeto ou trabalho em questão, que acabei perdendo a noção da importância dos relacionamentos que eu tinha com as pessoas que estavam trabalhando comigo. O que aprendi é que os relacionamentos precisam sempre vir em primeiro lugar e que o projeto ou trabalho são secundários.

No mundo de hoje, a maioria das organizações colocam os projetos e o trabalho em primeiro lugar e os empregados em segundo. Se você realmente pensar nisso, essa abordagem não é sustentável. As pessoas devem sempre vir primeiro.

Saiba que todo mundo que vem para a vida do seu negócio, vem por uma razão. As pessoas difíceis estão aí para lhe ajudar a crescer. Se você precisa lidar com uma pessoa difícil, pergunte-se:

- Quais são os sentimentos que essa pessoa está provocando em mim?

- Em que acredito para estar me sentindo assim?
- Consulte o Capítulo 4 para localizar a crença.
- Diga "Eu me liberto e deixo ir a crença de que _____ e agradeço _____ por me dar outra oportunidade de cura".
- Mande amor, luz e bênçãos para esta pessoa.

A necessidade de limites

"Ter limites saudáveis" é um termo que não existia durante a minha fase de crescimento. Limites saudáveis foram coisas que aprendi mais tarde na vida. Estabelecer limites significa não sacrificar nada que tenha muito valor para você, por outra pessoa. Nós podemos sim estabelecer limites amorosamente e gentilmente. Não precisamos ser duros ou cruéis. Relacionamentos com clientes e com empregados e/ou empreiteiros podem requerer que pratiquemos o reestabelecimento de limites saudáveis de tempos em tempos, tais como:

- Limites saudáveis com relacionamentos
- Limites saudáveis com relação a dinheiro
- Limites saudáveis com relação ao seu tempo
- Limites saudáveis com produtos e serviços.

Ter limites saudáveis com relacionamentos

Um relacionamento profissional não é a mesma coisa que

um relacionamento pessoal. Já vi muitas pessoas colocarem-se em situações delicadas porque não consideraram a linha limite entre o consumidor e o amigo, ou entre o empregador e o empregado. O máximo que puder, mantenha esses limites bem claros.

Por exemplo, não socialize pessoalmente com clientes a não ser que seja em ocasiões sociais para o seu negócio. E não faça contato com seus empregados ou empreiteiros fora das horas de trabalho.

Ter limites saudáveis com relação a dinheiro

Esteja em paz com o quanto você cobra e não permita que os outros tirem de você a sua autoconfiança quando se tratar de ser pago(a) pelos seus produtos e serviços. Existirão momentos em que você intrinsecamente saberá que a coisa certa a fazer será oferecer um desconto, mas você fará isso de uma maneira empoderada, e não de maneira que você sinta que não tenha outra escolha.

Ter limites saudáveis com relação ao seu tempo

O seu tempo é valioso, assim como o das outras pessoas. Respeite os limites de tempo e se você precisar ultrapassar o tempo acordado (seja em uma reunião, uma sessão ou um serviço que você esteja oferecendo), deixe isso claro com a outra pessoa e entre em um acordo em relação ao que será feito sobre isso. Se alguém precisa pagar ou não por aquele tempo extra, isso é uma decisão que precisa ser negociada.

Todos nós temos as mesmas 24 horas em um dia. Não roube de si mesmo(a) ou de outras pessoas um tempo precioso que poderia ser usado mais efetivamente.

Ter limites saudáveis para produtos e serviços

Seja claro com o que você está oferecendo e certifique-se de cumprir com o prometido. Se por qualquer razão, um consumidor ou cliente não está feliz com o que recebeu, tenha certeza de tratar do assunto. Se você sabe que entregou o que prometeu e o cliente estava esperando algo além do prometido, explique a questão claramente, mas NÃO vá além do que tenha sido o acordado inicialmente, pois você pode estar se colocando em uma posição onde terá que dar muito mais no futuro para um cliente que está constantemente insatisfeito. Se você sabe que o que você entregou foi de qualidade inferior, tente resolver o problema oferecendo algo a mais que fará o cliente satisfeito.

Preocupações financeiras

Poderá haver períodos em que o dinheiro não entrará ou não irá fluir bem. Lembre-se de uma verdade simples. Dinheiro vem da Fonte Universal; seus consumidores e clientes são um canal por onde o dinheiro chega até você, mas existem VÁRIOS canais.

Quando começamos a nos preocupar sobre não ter dinheiro suficiente, nós colocamos muita energia em NÃO ter dinheiro o bastante. Se você se pegar pensando dessa maneira, faça uma entrega das suas preocupações e medos ao Universo e peça que dinheiro (e qualquer outra coisa que você esteja precisando) venha para você de uma forma Divina e perfeita. Depois agradeça por antecedência.

Mantendo a fé

Houve muitas vezes na fase inicial do meu negócio que tive dificuldade em ter fé e confiar que tudo daria certo para mim. Eventualmente, eu curei o meu receio mantendo um Diário de Evidências. Nesse diário, eu escrevia regularmente cada "vitória" que tive, cada milagre que vivenciei, cada manifestação positiva. Quando começava a ficar pessimista e sem esperança, eu lia o meu Diário de Evidências e com isso, sentia a minha vibração voltar para a fé e confiança. Você pode fazer o download do Diário de Evidências gratuitamente pelo meu website.

Sempre celebre suas vitórias

Seja um novo cliente, uma venda nova, uma campanha de marketing que teve sucesso ou qualquer outra manifestação de negócios de sucesso, celebre! Uma oração para agradecer e separar um tempo para sentir a alegria do sucesso, mesmo que seja por um minuto, vai elevar a sua vibração, ampliará aquele sucesso e atrairá mais ainda.

"Um campeão não se torna um campeão no ringue; Ele é meramente reconhecido no ringue. O seu 'tornar-se' acontece durante a sua rotina diária."

Joe Louis

Elaborando Seu Plano de Negócios Espiritual

Exercício 19 – Escrevendo sobre seus pensamentos, experiências e observações

Criando uma Estrutura Diária

Qual é o meu ritual ideal matinal?

Se for possível para você, inclua os itens a seguir.

- Horário para acordar
- Meditação
- Oração de intenção e entrega
- Gratidão
- Exercício físico

Qual é o meu horário ideal de trabalho?

Qual é o meu ritual ideal para o fim do dia?

Se for possível para você, inclua os itens a seguir.

- Horário para dormir
- Reconhecimento pelos esforços e conquistas do dia

- Oração de gratidão

Ritual de Domingo ou Segunda (prepare-se para a semana)

- Planeje para a próxima semana escrevendo uma lista do que precisa ser feito e anote no diário qualquer coisa que seja importante.
- Pense nas coisas que você gostaria de conquistar ou manifestar e as visualize por alguns minutos, até que esteja sentindo aquilo acontecer.
- Faça uma entrega da sua intenção para o Universo e agradeça.

Exercício 20 – Orações

Oração de Intenção e Entrega

Fique parado(a) e permita-se sentir quieto(a) e calmo(a). Faça a seguinte oração para o Universo:

Eu entrego a Você este dia (ou semana).
Agradeço que eu possa alcançar o que pretendo alcançar.
Que eu possa aceitar amorosamente tudo
que eu não conseguir alcançar,
Sabendo que Você sempre sabe
o que é Divinamente certo para mim.
Que este(a) dia/semana flua com Divina sincronicidade,
graça e facilidade.
Obrigado(a)!

Oração para quando o negócio estiver muito devagar

Fique parado(a) e permita-se sentir quieto(a) e calmo(a). Faça a seguinte oração para o Universo:

Eu entrego a Você as minhas preocupações e medos
Porque o meu negócio está devagar.
Por favor preencha-me com Sua Luz.
Preencha-me de paz, esperança e otimismo
E o conhecimento de que isso há de passar.
Que eu tire o melhor proveito desta fase de quietude
E use-a com sabedoria,
Sabendo que tudo de bom virá para mim
Em tempo Divino e perfeito.
Obrigado(a).

Oração para quando o negócio estiver movimentado demais

Fique parado(a) e permita-se sentir quieto(a) e calmo(a). Faça a seguinte oração para o Universo:

Eu entrego a Você meu estresse e minha preocupação
Porque meu negócio tornou-se movimentado demais.
Por favor preencha-me com Sua Luz,
Preencha-me com Sua paz e
dê-me uma mente com clareza e calma.

E guie-me para a solução perfeita.
Obrigado(a).

Oração de para relacionamentos no trabalho

Fique parado(a) e permita-se sentir quieto(a) e calmo(a). Faça a seguinte oração para o Universo:

Eu entrego a Você o meu relacionamento com _____
Por favor preencha-me com a Sua Luz
E purifique-me de tudo que não seja amor.
Que hoje eu me relacione com_____ com respeito
e bondade, independentemente da maneira
como ele(a) escolher se relacionar comigo.
Que hoje eu amorosamente estabeleça limites claros
E que eu seja uma força de amor.
Obrigado(a).

Oração para preocupações financeiras

Fique parado(a) e permita-se sentir quieto(a) e calmo(a). Faça a seguinte oração para o Universo:

Eu entrego a Você todas as minhas preocupações financeiras.
Eu entrego a Você o meu medo
de que não haja dinheiro suficiente nesse momento,
e de que não haverá dinheiro suficiente no futuro.
Por favor preencha-me com Sua Luz
E traga para a minha consciência
Que hoje eu tenho o suficiente
E que amanhã eu tenha o bastante.
E que no futuro 'o meu cálice transborde de tão cheio'.

Obrigado(a).

Oração para fé

Fique parado(a) e permita-se sentir quieto(a) e calmo(a). Faça a seguinte oração para o Universo:

Eu entrego a Você o meu medo e desconfiança.
Por favor preencha-me com Sua Luz
E tire tudo que está me impedindo
de confiar em Você.
Eu agradeço por todos os milagres e manifestações do passado
E agradeço que a minha fé possa ser restaurada.

Oração de celebração

Fique parado(a) e permita-se sentir quieto(a) e calmo(a). Faça a seguinte oração para o Universo:

Eu entrego a Você minha alegria e gratidão
Por esta manifestação / milagre / oportunidade.
Obrigado(a) por me mostrar
que sou um(a) cocriador(a) poderoso(a)
E que Você é a magia por trás de tudo.

Conclusão

Foi com imenso prazer que escrevi este livro e compartilhei com você as verdades que aprendi no caminho para o Sucesso Verdadeiro.

Nos apêndices que seguem, você encontrará:

- 21 Leis Universais em forma de uma afirmação que lhe auxiliará na sua jornada empreendedora.
- Afirmações para neutralizar suas crenças autolimitantes.
- Uma simples prática de meditação para trazer mais presença e consciência para a sua vida.

E desejo a você amor, paz, prosperidade e luz.

Apêndice 1
Afirmações para
As 21 Leis Universais

A Lei da Abundância

Eu tenho dentro de mim tudo que preciso para fazer a minha encarnação na terra ser um paraíso.

A Lei da Aceitação

Eu aceito tudo que me é dado; e não resisto nada.

A Lei da Ação

Quando eu entro em ação em direção ao que quero, o Universo me leva a sério.

A Lei da Atração

O que penso, sinto e falo eu atraio para mim.

A Lei do Equilíbrio

Eu busco o equilíbrio em todas as coisas.

A Lei da Crença

O que eu acredito, eu crio.

A Lei dos Desafios

Eu aceito que desafios me serão enviados para o meu crescimento e evolução.

A Lei do Desapego

Mesmo que eu tenha desejos, eu desapego-me de todos os resultados.

A Lei da Compensação Divina

Todas as perdas são recuperadas, quando eu assumo a responsabilidade por elas e perdoo.

A Lei do Dharma

Eu estou aqui para encontrar e cumprir o meu propósito.

A Lei do Tempo Divino

Eu me rendo ao tempo do Universo que é sempre perfeito.

A Lei do Perdão

O perdão me liberta e permite que todas as coisas boas venham para mim.

A Lei de Dar e Receber

Amorosamente eu dou e amorosamente eu recebo em igual quantidade.

A Lei da Gratidão

Quando sou grato(a) por tudo que eu tenho agora, eu atraio para mim mais abundância.

A Lei da Cura

O Universo tem o poder de me curar quando peço para ser curado(a).

A Lei do Karma (ou da Causa e Efeito)

Eu colho o que eu planto.

A Lei do Menor Esforço

Eu tomo iniciativa buscando a maneira mais fácil, fluída e descontraída de agir.

A Lei da Transmutação Perpétua de Energia

Eu tenho o poder dentro de mim para mudar as minhas

circunstâncias.

A Lei da Proteção

O Universo tem o poder de proteger tudo o que amo quando peço por proteção.

A Lei do Ritmo

Existe um tempo certo para todas as coisas. Do Seu jeito e não do Meu jeito.

A Lei da Entrega

Eu entrego as minhas esperanças, sonhos e desafios para o Universo, sabendo que Ele é a Suprema Inteligência.

Apêndice 2
Afirmações para Corrigir Velhas Crenças Autolimitantes

Eu (Self)

Eu agora liberto-me do passado e estou disposto(a) a acreditar que sou bom/boa o suficiente.

Meus produtos e serviços são bons o suficiente.

As pessoas precisam dos meus produtos e serviços.

Eu agora liberto-me do passado e estou disposto(a) a acreditar que sou digno(a) e merecedor(a).

Eu sou digno(a) e merecedor(a) de ser bem pago(a) pelos meus serviços.

Eu tenho todos os recursos dentro de mim para começar e ter sucesso.

O desconhecido é um campo de infinitas possibilidades dentro de mim.

Eu tenho tudo o que é preciso para ter sucesso.

Eu agora liberto-me do passado e estou disposto(a) a acreditar que eu posso.

Eu posso superar as minhas velhas limitações.

Eu posso fazer tudo que preciso fazer para alcançar todo o meu potencial.

Eu agora liberto-me do passado e estou disposto(a) a acreditar que me querem.

Eu sou querido(a) pelos meus clientes.

Eu sou querido(a) pelo Universo.

Eu agora liberto-me do passado e estou disposto(a) a acreditar que posso confiar nas pessoas.

Eu atraio pessoas de confiança e honestas para a minha vida.

O meu negócio atrai pessoas de confiança e honestas.

É seguro ser verdadeiro(a) comigo mesmo(a) e com o meu propósito.

É divinamente certo colocar a mim mesmo(a) e o meu propósito em primeiro lugar.

Quando eu sou fiel a mim mesmo(a), eu sou fiel às pessoas à minha volta.

Eu agora liberto-me de todos os traumas de fracassos e erros do passado.

Eu liberto-me da vergonha que sinto em relação ao passado.

Não existem erros, apenas lições.

Eu aprendo com amor as minhas lições do passado.

Eu perdoo a mim mesmo(a) e a todos envolvidos.

Eu sigo o meu caminho com esperança e otimismo.

Eu aceito que as coisas nem sempre acontecerão do Meu jeito; elas acontecerão do Seu jeito.

Eu liberto-me da crença de que sou um fracasso só porque as coisas não aconteceram do meu jeito.

Não existe fracasso, somente feedback.

Eu estou sujeito(a) a vivenciar fracassos no meu caminho rumo ao sucesso.

Cada fracasso é uma experiência de aprendizado.

Tudo o que faço, eu realizo com amor, propósito e otimismo.

Eu sou digno(a) e merecedor(a) de sucesso.

Eu aceito que há um preço a pagar por todas as coisas.

Estou disposto(a) a fazer sacrifícios a curto prazo para colher as minhas recompensas a longo prazo.

Eu me liberto da necessidade de controlar as outras pessoas.

Eu permito que as outras pessoas brilhem da sua própria maneira.

Eu gerencio, e já não controlo mais.

Eu vejo e aprecio os talentos e habilidades de todos à minha volta.

Eu escolho confiar nas pessoas.

Eu escolho confiar na vida.

Dinheiro

Eu agora liberto-me do passado e sei que é seguro falar sobre dinheiro.

Eu liberto-me de toda vergonha envolvida em falar sobre dinheiro.

Dinheiro é simplesmente uma energia de troca.

Eu agora liberto-me do passado e sei que sempre há o suficiente.

Sempre existiu dinheiro suficiente e sempre existirá.

Eu sempre tenho dinheiro o suficiente para qualquer coisa que seja para o meu bem maior.

Dinheiro flui para mim sem esforço algum e com facilidade.

A abundância é meu direito Divino.

Quando eu recebo, eu também dou.

Quando eu dou, eu também recebo.

Existe um fluxo de abundância infinita disponível para todos.

Eu sou merecedor(a) de trabalhar com o que amo fazer.

Dinheiro vem para mim facilmente e sem esforço à medida que me liberto das velhas crenças.

Trabalho e dinheiro são trocados com amor.

Eu sou merecedor(a) de trabalhar com o que amo fazer e ganhar um bom dinheiro com isso.

Eu permito a mim mesmo(a) a ser rico(a) e feliz.

Dinheiro pode criar tudo que é bom.

É virtuoso ser abundante.

É espiritual ser rico.

É maravilhoso ser rico.

Eu posso contribuir para um mundo melhor quando eu tenho dinheiro.

É divinamente certo focar no meu propósito e em dinheiro.

É seguro falar sobre dinheiro.

Eu posso focar em dinheiro e importar-me com as pessoas.

Eu escolho respeitar e dar valor ao dinheiro que eu faço.

Eu escolho usar o meu dinheiro com sabedoria.

Eu agora não saboto mais a minha riqueza.

Eu sou fiel às minhas metas financeiras a longo prazo.

Vida

Eu sempre tenho tempo o suficiente para as coisas que são realmente importantes.

O tempo trabalha junto comigo e não contra mim.

O Universo me dá o tempo perfeito para que eu cumpra a missão da minha alma.

Eu me entrego e me desapego, confiando em uma Inteligência Maior que a minha.

Eu agradeço por tudo que tenho e que ainda terei.

Eu escolho palavras e ações amorosas para com todos e coisas boas retornam para mim.

Quando eu mantenho o foco em mim e no meu propósito com amor, tudo de bom vem para mim.

Eu liberto-me de toda inveja e escolho ser feliz por aqueles que têm o que eu quero.

Equilíbrio é a chave para o meu sucesso verdadeiro.

Eu tenho coragem de superar minhas velhas limitações e crescer.

Com presença e consciência, eu respondo conscientemente.

Eu sou sempre uma presença amorosa.

Apêndice 3
Uma Prática de Meditação Simples

Sente-se em uma posição confortável com a sua coluna ereta, pode ser com apoio ou sem apoio, o que for mais confortável para você. Algumas pessoas preferem se sentar no chão com as pernas cruzadas ou na posição lotus, enquanto outras preferem uma cadeira, particularmente se estiverem com o quadril mais rígido.

Feche os olhos e comece a sentir dentro do seu corpo, a partir do topo da sua cabeça e descendo até os pés. Torne-se consciente da vastidão dentro do seu corpo, e note onde você está sentindo qualquer tensão ou dor. Preste atenção à sensação. Sentir o corpo é uma maneira poderosa de se desconectar da mente do ego.

Agora preste atenção aos sons à sua volta. Ouça-os por um minuto sem julgamento.

Concentre-se na sua respiração - sentindo as sensações ao inspirar e ao expirar por alguns minutos.

A mente ocupada do seu ego pode estar continuamente criando pensamentos e sentimentos, agitação ou desconforto físico. Às vezes, isso pode puxá-lo(a) para uma fantasia ou um cenário em sua memória, ou começar a fazer planos para o futuro. Simplesmente substitua esses pensamentos, sentimentos e fantasias retornando a sua atenção para os sons externos ou sua respiração. Não tente afastar seus pensamentos e sentimentos. Permita que eles fiquem ali enquanto você concentra a sua atenção de volta à sua respiração ou sons externos. Repetidamente, você será puxado para um pensamento. Toda a vez que você perceber isso acontecendo, volte o seu foco para a sua respiração ou para os sons externos.

Receba qualquer coisa que aparecer com neutralidade e dê espaço para isso estar ali. Observe e deixe ir.

Renda-se ao momento presente – repetidamente por 20 minutos.

Sobre a Autora

Nicole é uma curadora formada em 'Forensic Energy Healing', é Terapeuta Transpessoal (Transpersonal Counsellor) e Guia de Trajetória de Vida (Life Path Guide) com residência em Sydney, na Austrália. Nicole trabalha com pessoas do mundo todo, facilitando a transformação pessoal.

Ela já escreveu 7 livros, 'A Shift to Bliss', '5 Steps to Finding Love', 'Soul Magic', 'Soulful & Successful Business', 'The 25 Universal Laws', 'Forgiveness is the Key' e 'Money Matrix'.

Nicole oferece meditações gratuitas em inglês no App Insight Timer e seus cursos on-line, também em inglês, estão disponíveis no seu website.

Sobre a Tradutora

Betania Moscardini é brasileira e reside em Sydney, Austrália, desde 2007. Ela é professora de inglês formada no Brasil, mestre de Reiki e tradutora certificada com especialização em português e inglês. Sua história como tradutora surgiu da vontade de aprofundar seus conhecimentos com a prática de Reiki ao terminar seu curso em Junho de 2021.

Ao ouvir um podcast sobre Reiki onde uma escritora e Mestre de Reiki de Nova York, Nathalie Jaspar, estava sendo entrevistada e ao falar sobre um dos seus livros já traduzido para outras línguas, Betania a contactou e ofereceu para traduzi-lo também para o português. Seu título é "Reiki como uma Prática Espiritual".

Ao finalizar sua primeira tradução literária, surge então a oportunidade de traduzir seu segundo livro e o resultado dessa sincronicidade é a tradução de "Negócio de Sucesso & Espiritual" de Nicole Bayliss.

www.ingramcontent.com/pod-product-compliance
Lightning Source LLC
Chambersburg PA
CBHW020320010526
44107CB00054B/1917